Wenn du es eilig hast, gehe langsam

>If you always do
what you always did,
you will always get
what you always got!«
Abraham Lincoln

Prof. Dr. Lothar J. Seiwert ist »Deutschlands tonangebender Zeitmanagement-Experte« (Focus 1/2000). 1999 wurde er als erster Deutscher mit dem internationalen Trainingspreis »Excellence in Practice« der ASTD (American Society for Training and Development) in Atlanta ausgezeichnet. Als gefragter Redner und Trainer begeisterte Prof. Seiwert bereits über 100 000 Teilnehmer. Seine Coaching- und Consultingfirma *Seiwert-Institut GmbH* in Heidelberg hat sich auf die Themen *Time-Management* und *Life-Leadership*® spezialisiert. E-Mail: *info@seiwert.de* – Internet: *www.seiwert.de*

 Dr. Ann McGee-Cooper berät Unternehmen in Kreativität und ganzhirnigem Zeitmanagement. Sie lebt in Dallas, Texas, und ist die Autorin von *Time Management for Unmanageable People* und *You Don't Have to Go Home from Work Exhausted.*

Lothar J. Seiwert
unter Mitarbeit von Ann McGee-Cooper

Wenn du es eilig hast, gehe langsam

Das neue Zeitmanagement in einer beschleunigten Welt

Sieben Schritte zur Zeitsouveränität und Effektivität

Mit Karikaturen
von Werner Tiki Küstenmacher

Campus Verlag
Frankfurt/New York

Bibliografische Information der Deutschen Bibliothek

Die Deutsche Bibliothek verzeichnet diese Publikation in
der Deutschen Nationalbibliografie. Detaillierte bibliografische Daten sind
im Internet über http://dnb.ddb.de abrufbar.
ISBN 3-593-37223-1

8., durchgesehene Auflage 2003

Die Seiten 102–107, 126–127 und 156–159 mit freundlicher Genehmigung aus dem Lehrwerk »Unternehmer-
Energie« der Schmidt Colleg GmbH, Bayreuth.
Copyright © 1998/2003 Campus Verlag GmbH, Frankfurt/Main
Umschlaggestaltung: Guido Klütsch, Köln
Umschlagmotiv: Stoppuhr, James Marvy, © The Stock Market, Düsseldorf
Karikaturen: Werner »Tiki« Küstenmacher, Gröbenzell
Fotosatz: L. Huhn, Maintal-Bischofsheim
Druck und Bindung: Druckhaus Beltz, Hemsbach
Gedruckt auf säurefreiem und chlorfrei gebleichtem Papier.
Printed in Germany

Besuchen Sie uns im Internet: www.campus.de

Inhalt

WENN

ich mein Leben noch einmal leben dürfte, würde ich viel mehr Fehler machen.
Ich würde entspannen.
Ich würde viel verrückter sein als in diesem Leben.
Ich wüsste nur wenige Dinge, die ich wirklich sehr ernst nehmen würde.
Ich würde mehr Risiko eingehen.
Ich würde mehr reisen.
Ich würde mehr Berge besteigen, mehr Flüsse durchschwimmen
und mehr Sonnenuntergänge betrachten.
Ich würde mehr Eis und weniger Salat essen.
Ich hätte mehr echte Probleme und weniger eingebildete.
Sehen Sie, ich bin einer dieser Menschen,
die immer vorausschauend und vernünftig leben,
Stunde um Stunde, Tag für Tag.
O ja, es gab schöne Momente,
und wenn ich noch einmal leben dürfte, hätte ich mehr davon.
Ich würde eigentlich nur noch welche haben.
Nur schöne, einen nach dem anderen.
Wenn ich mein Leben noch einmal leben dürfte,
würde ich bei den ersten Frühlingsstrahlen barfuß gehen
und vor dem Spätherbst nicht damit aufhören.
Ich würde vieles einfach schwänzen.
Ich würde mehr Achterbahn fahren.
Ich würde öfter in der Sonne liegen.

(*Quelle:* Harley-Davidson, manager magazin 6/98)

Vorwort

Unmittelbar vor Abfahrt zu einem Gesundheitshotel, in das ich mich für mehrere Wochen zurückzog, um dieses Buch zu schreiben, erreichte mich die Nachricht, dass ein geschätzter Autoren- und Trainerkollege, der sich ausgerechnet mit Zeitmanagement und Lebensplanung befasste, überraschend gestorben sei: Zufall, Schicksal oder ein Zeichen?

Auf jeden Fall war ich sehr betroffen und wurde nachdenklich. **Zeit für einen Neuanfang** Es kann alles so schnell vorbei sein: Jeden Tag sterben Abertausende, Anonyme wie Prominente – aber haben wir nicht einen ganz anderen, emotionalen Bezug, wenn es sich um einen Menschen handelt, den wir persönlich kannten, mit dem wir zwar nicht eng, aber in irgendeiner Weise verbunden waren?

Welcher Mensch würde sich auf dem Sterbebett darüber beklagen, zu wenig Zeit im Büro oder in seinem Job verbracht und zu wenig Zeit für das Finanzamt oder seine Erben geschuftet zu haben? Wie viele hingegen bereuen, dass sie nicht mehr Zeit für die Familie oder für Hobbys hatten? Wer würde nicht alles dafür geben, die Lebensuhr wieder zurückdrehen zu können, um, wie Max Frischs Romanfigur Homo Faber, noch einmal von vorn beginnen und es diesmal anders machen zu dürfen?

Dies alles mag für Sie vielleicht etwas befremdend klingen, aber **Neues Zeitbewusstsein** ich möchte Sie wachrütteln und zur Überprüfung Ihrer Denkweise einladen: *Heute* beginnt der erste Tag vom Rest Ihres Lebens, den Sie mit einem neuen Zeitbewusstsein beginnen können!

Als ich Anfang der achtziger Jahre mit meinen Zeitmanagement-Seminaren begann und, wie immer, jeden Teilnehmer persönlich nach seinen *Erwartungen* befragte, gingen die meisten Antworten in eine bestimmte Richtung: »Noch mehr leisten in der

9

vorhandenen Zeit« oder – überspitzt formuliert – »in den 12-Stun-den-Tag das Programm von 14 Stunden hineinzwängen«. Themen wie *persönliche Lebensplanung* oder *ganzheitliches Selbstmanagement* stießen nur auf geringes Interesse. Heute sind sich die Teilnehmerinnen und Teilnehmer immer mehr bewusst, dass sie ihr Leben mit rein operativem Zeitmanagement nicht mehr in den Griff bekommen. Seit einigen Jahren wird immer mehr die Frage nach dem *Sinn des Lebens* oder nach dem *Lebensziel* gestellt.

Die 70-Stunden-Woche, ein monatliches Arbeitspensum von 250 Stunden oder gar die 7-Tage-Woche im Büro – so etwa die Zeitbilanz zahlreicher Freiberufler, die unsere Veranstaltungen besuchen – wird zunehmend als unbefriedigend empfunden. Stattdessen dominierten das Bedürfnis und der Wunsch nach mehr Zeit für sich selbst, die Familie und Hobbys. Auf eine schlichte Formel gebracht: »weniger Arbeit – mehr Freizeit«. Zweifelsohne findet ein zunehmender gesellschaftlicher Veränderungsprozess, nämlich ein Paradigmenwechsel vom Leistungsdenken zum Streben nach persönlicher Lebensqualität und -freude bis hin zur Genussorientierung statt. Diejenigen, die diese Kehrtwendung vollzogen haben, leben zufriedener, entspannter und glücklicher. Sie wissen nicht nur, sondern haben es am eigenen Leibe erfahren, dass »weniger« auch »mehr« sein kann.

Aus der permanenten Seminararbeit mit vielen Teilnehmerinnen und Teilnehmern weiß ich, dass die Sinnfrage im Zeitmanagement, das Wozu, das Warum und das Wohin, viele Menschen immer mehr bewegt und anspricht. Zeitmanagement umfasst weitaus mehr, als Posteingänge nach Prioritäten zu sortieren. Zeitmanagement ist Selbstmanagement und aktive Lebensgestaltung oder *Life Leadership*. Als kritische Rückmeldung kommt immer wieder die Frage: »Warum habe ich das nicht schon vor zehn Jahren kennen gelernt?« Eine alte chinesische Lebensweisheit besagt: »Es ist müßig, über vergossene Milch zu klagen.«

Die Vergangenheit können Sie nicht mehr verändern. *Heute* ist das, was zählt! Machen Sie etwas daraus – oder geben Sie dieses Buch an jemand anderen weiter.

Ihr *Lothar J. Seiwert*
www.seiwert.de

Heidelberg, Januar 2003

Zum Aufbau des Buches

Das *Seminar in Buchform* zum Thema »Effektives Selbstmanagement« besteht aus drei Teilen:

- Im ersten Teil werden Ansätze und Aussagen einer *neuen Zeitkultur* diskutiert. Leistung und Wettbewerb erhöhen einerseits die Geschwindigkeit, der natürliche Zeitrhythmus erfordert andererseits das »Runterschalten«. Die Antwort auf den Tempo-Trend der letzten Jahre ist aber nicht die Langsamkeit, sondern eine ausgewogene Zeitbalance zwischen Speed und Downsizing, beruflichen Anforderungen und privaten Wünschen, persönlichen Lebenszielen und gelebter Realität. *(Auf der Suche nach einer neuen Zeitkultur)*

  Effektives Zeitmanagement beschränkt sich also nicht nur auf einen Denkansatz wie den der Beschleunigung. Unsere postmoderne Zeitkultur erfordert Geschwindigkeit *und* Langsamkeit, sie lässt Platz für beides. Es geht nicht um ein »Entweder-Oder«, sondern im taoistischen Sinne um ein »Sowohl-Als auch«. *(Geschwindigkeit und Langsamkeit)*

- Im zweiten Teil, dem Schwerpunkt des Buches, geht es um die Frage, wie die beiden Elemente einer neuen Zeitkultur in ein *effektives Selbstmanagement* eingebunden werden können. Ein *siebenstufiges Erfolgsprogramm*, hinterlegt mit zahlreichen Übungen, Anleitungen und Beispielen, zeigt ganz konkret, wie Sie Ihr tägliches Dasein im Hinblick auf Ihre Lebensziele und -rollen »leben« können. *(Sieben Schritte zur Zeitsouveränität und Effektivität)*

  Es geht um die Erarbeitung Ihrer persönlichen Lebensvision und Ihrer konkreten Lebensziele (erster Schritt), die Festlegung der Lebenshüte und -rollen, mit denen Sie täglich durchs Leben gehen (zweiter Schritt), und um die Formulierung ge- *(Lebensvision und Lebensziele)* eigneter Erfolgsstrategien (dritter Schritt). Darauf folgt die Aufstellung eines Jahreszielplanes (vierter Schritt), das Entwickeln einer Prioritätenliste für jede neue Woche (fünfter Schritt) und das Zeitmanagement im Tagesgeschäft (sechster Schritt). Der Aufbau von Energie, Power und Selbstdisziplin für den täglichen Erfolg ist der abschließende siebte Schritt. Auf jeder Ebene der persönlichen Erfolgspyramide spielen Be- und Entschleunigung eine wichtige Rolle.

Vier Zeittypen –
vier Zeit-
strategien
• Im dritten Teil schließlich werden vier *Persönlichkeitstypen* vorgestellt, die einen unterschiedlichen Umgang mit der Zeit pflegen. Sie erhalten Hilfen und Tipps zur Anwendung der für Sie jeweils richtigen Zeit- und Selbstmanagement-Methode.

Erster Teil
Auf der Suche nach einer neuen Zeitkultur

Kapitel 1
Abschied vom Zeitmanagement?

»Don't work hard, work smart.«
Amerikanische Managerweisheit

Zeitmanagement ist in den letzten Jahren zunehmend in die Diskussion und Kritik geraten: »Abkehr vom Tempowahn«, »Epidemie des Zeitwettbewerbs«, »Werfen Sie Ihr Zeitplanbuch weg« – so oder ähnlich lauten die medienwirksamen Schlagzeilen.

Trendwende

Als neue zeitökologische Parolen werden hingegen »Entschleunigung«, »Eigenzeit« oder »Langsamer ist schöner« propagiert. Mittlerweile gibt es einen Verein »Tempus e. V. zur Verzögerung der Zeit«, eine Vereinigung »Slow food« als Gegenbewegung zu »Fast food«, und Sten Nadolnys Bestseller *Die Entdeckung der Langsamkeit* erreicht fast Kultstatus: In diesem Roman entdeckt ein notorisch langsamer Mensch ganz allmählich, dass sein angeborenes Schneckentempo kein Handicap, sondern eine schier unerschöpfliche Energie- und Kreativitätsquelle ist.

Wertewandel im Zeitmanagement

In einer Zeitstudie des Uhrenherstellers International Watch Company (IWC) aus Schaffhausen über das *Leiden an der Schnelligkeit* werden bereits die *Slobbies* beschrieben: »Slower but better working people«, die sich weigern, Geschwindigkeit als einziges Leistungskriterium zu akzeptieren und die der Langsamkeit produktive wie kreative Seiten abgewinnen.

Slobbies und Langsamkeit

Ist Zeitmanagement demnach out?

Alle diese Kritiken und *Zeit*erscheinungen spiegeln den derzeitigen Wertewandel und eine neue Trendwende im Zeitmanagement wider.

Zeitmanagement an sich, ob als Arbeitstechnik, Erfolgsme-
thode oder Lebenskonzept verstanden, ist auf gar keinen
Fall out, sondern aktueller denn je:

Das »neue« Zeitmanagement muss nur um andere Denk-
ansätze und Inhalte bzw. Paradigmen erweitert und fortge-
schrieben werden!

Geschichte von der Langsamkeit der Seele

*Damals, als noch keine Straßen das Land durchschnitten und es
noch keine Autos gab, die Menschen so schnell wie der Wind vom
Meer in die Berge zu bringen, kämpfte sich ein Missionar mit einer Schar von Trägern durch den afrikanischen Busch. Er hatte es
eilig und trieb seine Führer zu immer schnellerem Gehen an, denn
in drei Tagen wollte er sein Ziel erreichen.*

*Der dritte Morgen zog herauf, strahlend stand die Sonne am
Himmel, die Luft flimmerte, das hohe Gras bewegte sich sacht
und die Vögel sangen. Der Missionar drängte zum Aufbruch, aber
die Träger lagerten und wollten nicht aufstehen. Kein Zureden
half, kein Befehlen, kein Drohen. Endlich fragte er nach dem
Grund ihres Zögerns und erhielt zur Antwort: »Unsere Körper
sind zwar hier, aber wir müssen noch warten, bis unsere Seelen
nachgekommen sind.«*

*(Afrikanische Geschichte – Quelle: Nossrat Peseschkian, Der
nackte Kaiser)*

Paradigmen sind mentale Modelle – gleichsam eine Brille, durch
die wir die Welt sehen oder sehen wollen. Paradigmen beschrei-

16

ben die Art und Weise, wie jemand seine Umwelt wahrnimmt, versteht und erklärt. Sie wirken wie geistige Landkarten, die wir im Kopf haben: So, *wie* wir ein bestimmtes Problem sehen *ist* das Problem! *Paradigmen* bezeichnen individuelle, aber auch kollektive Sichtweisen oder Weltbilder von unserer eigenen Realität, innerhalb derer wir uns bewegen. Ein Paradigma ist wie das Wasser für einen Fisch, in dem er zwar schwimmt, aber das er nur schwer erkennen und beschreiben kann.

Der Sonnenrufer

Auf dem Hühnerhof erkrankte der Hahn so schwer, dass man nicht damit rechnen konnte, dass er am nächsten Morgen krähen werde. Die Hennen machten sich daraufhin große Sorgen und fürchteten, die Sonne werde an diesem Morgen nicht aufgehen, wenn das Krähen ihres Herrn und Meisters sie nicht rufe.

Die Hennen meinten nämlich, dass die Sonne nur aufgehe, weil der Hahn kräht. Der nächste Morgen heilte sie von ihrem Aberglauben. Zwar blieb der Hahn krank, zu heiser, um krähen zu können, doch die Sonne schien; nichts hatte ihren Gang beeinflusst. (Persische Geschichte – Quelle: Nossrat Peseschkian, Der Kaufmann und der Papagei)

Paradigmen bestimmen entscheidend unsere Einstellungen und Verhaltensweisen gegenüber unseren beruflichen und privaten Bezugssystemen wie der Umwelt, die zwischenmenschlichen Beziehungen oder den Umgang mit der Zeit. Nur eine Veränderung der eigenen oder kollektiven Denkweise, ein so genannter *Paradigmenwechsel*, führt zu neuen, tieferen Einsichten und echten Entwicklungschancen. Paradigmenwechsel: neue Einsichten

In diesem Buch geht es genau um einen solchen *Paradigmenwechsel* vom traditionellen zum »neuen« Zeitmanagement: Die *traditionellen* Konzepte des Zeitmanagements werden überprüft, infrage gestellt und an heutige Erfordernisse angepasst, um bei Ihnen einen Umdenkungsprozess in Gang zu setzen, wie Sie Ihre Zeit und damit Ihr Leben gestalten wollen. Neue Konzepte

Im Einzelnen kristallisieren sich zwei völlig gegensätzliche Denkweisen oder Weltbilder bzw. Paradigmen im Zeitmanagement heraus: Zwei Zeitmanagement-Paradigmen

17

- das *Geschwindigkeits*-Paradigma, wonach Zeitmanagement als Speed Management aufgefasst wird; und
- das *Langsamkeits*-Paradigma, wonach Zeitmanagement zur Zeitökologie mutiert.

Zeitmanagement als Speedmanagement

Nach dem *Geschwindigkeits-Paradigma* dreht sich das Rad immer schneller und Geschwindigkeit wird immer mehr zum Wettbewerbsfaktor. Produktions- und Lieferzeiten, Innovations- und Entwicklungszyklen von Produkten und die Lebensdauer von Produkten verkürzen sich, Zielgruppen und deren Verhaltensmuster werden immer unberechenbarer: Schnelllebigkeit ist angesagt.

Jeder will alles sofort, am liebsten schon (vor-)gestern. In amerikanisch geführten Unternehmen wird »a.s.a.p.« (= as soon as possible) zum allgemeinen Standard, wenn es um irgendwelche Terminsetzungen oder Zeitabsprachen geht. Wer keine E-Mail-Adresse hat ist nicht mehr up to date und die elektronische Rückantwort wird ungeduldig nach spätestens 24 Stunden erwartet. Die gewöhnliche Briefpost wird als »snail mail« (Schneckenpost) nur noch müde belächelt und die allgegenwärtige Handy-Manie einschließlich Um- und Weiterschaltung auf die Sprachbox macht jeden jederzeit erreichbar. Immer mehr Menschen klagen über diesen erhöhten Erwartungsdruck, dem sie durch ihre beschleunigte Umwelt immer stärker ausgesetzt sind.

Viele haben das Gefühl, auf der Überholspur zu leben. Nicht die Großen dominieren die Kleinen, sondern die Schnellen überholen die Langsamen.

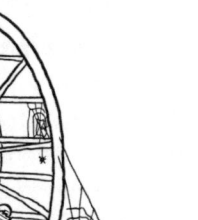

Speedmanagement steigert den Arbeitsdruck auf die betroffenen Mitarbeiter. Größere Schnelligkeit bedeutet, ein vergleichbares Arbeitsergebnis in kürzerer Zeit erbringen zu müssen bzw. die Qualität und Geschwindigkeit seiner Arbeit noch zu steigern. Dazu müssen eine höhere Verantwortung und steigende Erwartungen im Hinblick auf die Eigeninitiative und die Kreativität bewältigt werden. Die höhere Belastung kann den Mitarbeiter in höhere Handlungsbereitschaft, aber auch in zusätzlichen Arbeitsstress versetzen.

Anforderungen an einen High-Speed-Manager

Nach J. W. Jones (High Speed Management, 1993) soll sich der Zeitmanager zum High-Speed-Manager (HSM) entwickeln und folgende Anforderungen erfüllen:

- *Das Wesentliche im Griff haben*
  HSM beherrschen bereits die gängigen Managementmethoden wie Führung, Motivation, Kommunikation und Planung sowie die einschlägigen Managementtheorien, bevor sie die Prinzipien des High-Speed-Managements kennen lernen.

- *Die eigene Zeit richtig managen*
  HSM setzen Zeitspartechniken ein und sind in der Lage, einen ausgeglichenen und stressfreien Lebensstil zu praktizieren.

Zukunft	• *Die Zukunft im Einzelnen einbeziehen* Wenn das eigene Unternehmen zukünftig wettbewerbsfähig bleiben soll, müssen HSM in der Lage sein, die Zukunft ihrer Branche, Firma, Produkte und Wettbewerber vorwegzunehmen.
Entscheidungen	• *Schnellere Entscheidungen treffen können* HSM müssen komplexe Entscheidungssituationen analysieren, Alternativen abwägen und auch im Hinblick auf Konflikte prüfen können. Sie müssen unter Druck Routineentscheidungen ebenso treffen können wie Ad-hoc-Entscheidungen.
Verhandlungen	• *Sichere Verhandlungen führen* HSM benutzen ihre Verhandlungsmacht und ihr Wissen, um das Verhalten anderer zu beeinflussen. Sie bauen vertrauensvolle Beziehungen auf und lösen Verhandlungspositionen konstruktiv auf.
Informationen	• *Vorsprung im Informationszeitalter erzielen* HSM konzentrieren sich zu jedem Zeitpunkt auf das jeweils brennendste Problem. Sie verstehen es, alle elektronischen Hilfsmittel optimal einzusetzen, z. B. Laptops.
Arbeitsstress	• *Burn-out-Syndrom vermeiden* HSM erweisen sich gegenüber chronischem Arbeitsstress als stabil und sind in der Lage, diesen zu meistern und ihren Gesundheitswert zu erhalten.
Lernende Organisation	*Speedmanagement* als Wettbewerbsfaktor ist strategisch wichtig. Unternehmen erhalten als soziale Organismen die Möglichkeit und die Notwendigkeit zur Metamorphose. Sie können sich je nach Dy-

20

namik und Erfordernis der Marktsituation weiterentwickeln. Sobald die Unternehmen Speedmanagement beherrschen können sie ihre Strukturen, Abläufe und Geschäftsprozesse den zukünftigen Veränderungen permanent anpassen. Sie werden als *Lernende Organisation* immer schneller und flexibler reagieren können.

Doch Schnelligkeit braucht auch Langsamkeit.

Als Till Eulenspiegel mit seinem Bündel Habseligkeiten zu Fuß zur nächsten Stadt wanderte, überholte ihn eine recht schnell fahrende Kutsche. Der Kutscher, der es sehr eilig zu haben schien, rief: »Wie weit ist es bis zur nächsten Stadt?« **Till Eulenspiegel**

»Wenn Ihr langsam fahrt, eine halbe Stunde – wenn Ihr schnell fahrt, einen halben Tag, mein Herr!«, antwortete Till Eulenspiegel.

»Du Narr!«, schimpfte der Kutscher, griff zur Peitsche und trieb die Pferde noch heftiger an, und die Kutsche fuhr mit erhöhtem Tempo weiter.

Till Eulenspiegel ging seines Weges daher. Die Straße hatte viele Schlaglöcher. Eine Stunde später fand er eine Kutsche, die offenbar mit einem Schaden im Straßengraben lag. Die Vorderachse war gebrochen und der Kutscher fluchend damit beschäftigt, diese zu reparieren.

Der Kutscher blickte Till Eulenspiegel vorwurfsvoll an, worauf dieser nur anmerkte: »Ich sagte Euch doch: Wenn Ihr langsam fahrt, eine halbe Stunde ...«

Kapitel 2
Ent-schleunigen –
das Langsamkeits-Paradigma

»Du kannst noch so oft an der Olive zupfen,
sie wird deshalb nicht früher reif.«
Toskanisches Sprichwort

Entschleuni-
gung als
Gegentrend Ein Trend löst meist einen Gegentrend aus. Mit zunehmender Verbreitung der Tempo- oder Geschwindigkeitskultur werden Entschleunigung, Mut zur Langsamkeit und die Abkehr der Führungskräfte vom Tempowahn gefordert. Weniger arbeiten kann nicht nur produktiver sein, sondern letztlich zu besseren Entscheidungen führen.

Eigenzeit Langsamkeit ist noch notwendiger geworden, Zeitlosigkeit und Stille sind wieder gefragt. Das Empfinden für natürliche Rhythmen und Eigenzeiten muss neu gelernt werden.

»Guten Tag«, sagte der kleine Prinz.
»Guten Tag«, sagte der Händler.
Er handelte mit höchst wirksamen, durststillenden Pillen. Man schluckt jede Woche eine und spürt überhaupt kein Bedürfnis mehr zu trinken.

»Warum verkaufst du das?«, fragte der kleine Prinz.
»Das ist eine große Zeitersparnis«, sagte der Händler. »Die Sach-
verständigen haben Berechnungen angestellt. Man erspart drei-
undfünfzig Minuten in der Woche.«
»Und was macht man mit diesen dreiundfünfzig Minuten?«
»Man macht damit, was man will ...«
»Wenn ich dreiundfünfzig Minuten übrig hätte«, sagte der kleine
Prinz, »würde ich ganz gemächlich zu einem Brunnen laufen ...«
(Antoine de Saint-Exupéry, Der kleine Prinz)

Der *Beschleunigungsprozess* ist offenbar an seine Grenzen ge-
stoßen. Die Rückkehr zu richtigen Zeitmaßen und natürlichen
Zeitrhythmen schafft einen Ausgleich zwischen Langsamkeit
und Tempo. *Zeitökologie* als Lehre vom maßvollen Haushalten
mit der Zeit, früher eher belächelt, wird auch in Management-
kreisen mittlerweile ernst genommen.

Rückkehr zur Zeitökologie

80 Prozent der Bundesbürger betonen, dass sich alles viel zu
rasch verändere, »sie hätten es gern etwas gemächlicher«. Mit zunehmender Beschleunigung klafft eine Lücke zwischen gelebter
Zeitkultur und natürlichen Zeit- und Lebensrhythmen.

Zeitkultur: Zeitrhythmen

»Die Wirtschaft wächst und wächst – so rasant, dass selbst der
Rhythmus der Nationalhymne beschleunigt wurde.«
(aus: Malaysia – Ein Land will nach oben, Focus Nr. 21 vom
17. Mai 1997)

Das *Langsamkeits-Paradigma* bedeutet, einen anderen, nämlich
einen angemessenen Umgang mit der Zeit, das rechte Zeitmaß zu
finden – die Rückkehr zu einer natürlichen Zeitordnung.

Langsamkeit

Geht man historisch um einige hundert Jahre zurück, so gab es
schon einmal einen ausgewogenen Wechsel von Ruhe und Aktivität. Natürliche Rhythmusgeber bestimmten die »innere Uhr«
des Menschen, bevor technologische Innovationen das industrielle Zeitalter einläuteten.

Rhythmen der Natur

Geht man noch weiter zurück, so waren es erst die mechani-
schen Uhren, die den Menschen eine unnatürliche, lineare Zeitordnung brachten.

Die Rückkehr zu einer natürlichen Zeitordnung, wo man sich
»Zeit lassen« kann, ist wieder angesagt.

Zeit lassen

Wer in seinem Beruf beschleunigt oder gar gehetzt wird, benötigt als Ausgleich eine gehörige Portion an Ruhe, Entspannung, Zeit zum Abschalten.

Schatten auf der Sonnenuhr

Im Orient wollte einst ein König seinen Untertanen eine Freude bereiten und brachte ihnen, die keine Uhr kannten, von einer Reise eine Sonnenuhr mit. Sein Geschenk veränderte das Leben der Menschen im Reich. Sie begannen, die Tageszeiten zu unterscheiden und ihre Zeit einzuteilen. Sie wurden pünktlicher, ordentlicher, zuverlässiger und fleißiger und brachten es zu großem Reichtum und Wohlstand.

Als der König starb, überlegten sich die Untertanen, wie sie die Verdienste des Verstorbenen würdigen könnten. Und weil die Sonnenuhr das Symbol für die Gnade des Königs und die Ursache des Erfolges der Bürger war, beschlossen sie, um die Sonnenuhr einen prachtvollen Tempel mit goldenem Kuppeldach zu bauen. Doch als der Tempel vollendet war und sich die Kuppel über der Sonnenuhr wölbte, erreichten die Sonnenstrahlen die Uhr nicht mehr. Der Schatten, der den Bürgern die Zeit gezeigt hatte, war verschwunden und der gemeinsame Orientierungspunkt, die Sonnenuhr, verdeckt.

Der eine Bürger war nicht mehr pünktlich, der andere nicht mehr zuverlässig, der dritte nicht mehr fleißig. Jeder ging seinen Weg. Das Königreich zerfiel.
(Quelle: Nossrat Peseschkian, Der Kaufmann und der Papagei)

Kapitel 3
TimeShift – Veränderungen im Zeitmanagement

von *Ann McGee-Cooper*, Dallas/Texas;
ins Deutsche übertragen und bearbeitet von *Lothar J. Seiwert*

Nach unseren Betrachtungen über die gesellschaftlichen Veränderungen in unserer beschleunigten Zeitwelt wollen wir uns nun den individuellen Aspekten zuwenden. Ob neue Hetz-Krankheit, links- bzw. rechtshirnige oder mono- bzw. polychronische »Zeit«-genossen, divergente und konvergente Denker – gerade auf der persönlichen Ebene vollzieht sich ein Wandel zu einer neuen Zeitkultur. Hier werden besonders jene Leserinnen und Leser neue Hoffnung schöpfen können, denen die herkömmlichen Zeitmanagement-Methoden nicht entscheidend haben weiterhelfen können.

Wandel zu einer neuen Zeitkultur

3.1 Zeitbewusstsein im Wandel der Zeit

O-Töne über die Zeit

»Zeit«-Stimmen

- *»Ich habe dafür jetzt keine Zeit!«*
- *»Wir stehen unter Zeitdruck und schaffen vielleicht den Termin nicht mehr!«*
- *»Noch eine Besprechung? Vergiss es! Ich habe keine Zeit!«*
- *»Es sieht so aus, als ob ich keine Zeit mehr für Spaß, für die Familie oder für den Sport finde.«*
- *»Ich weiß, dass ich gesünder essen sollte, aber ich habe keine Zeit. Ich bin schon froh, wenn ich im Vorbeigehen eine Tasse Kaffee trinken kann.«*

25

- »*Ich habe keine Zeit zu planen oder alles aufzuschreiben.*«
- »*Ich habe noch nicht mal Zeit, ein Zeitmanagement-Seminar zu besuchen. Bleib auf dem Teppich! Weißt du überhaupt, was ich eigentlich schon alles fertig haben sollte?*«

Beschleunigung der Lebenszeit

Kommt Ihnen das irgendwie bekannt vor? Die immer rasantere Technologie führt zu immer schnelleren Veränderungen. Mit Fax, PC-Modem, E-Mail, Internet und Satelliten-Kommunikation sind wir mit der Welt und miteinander in *Echtzeit* in Kontakt, und zwar mit immer weniger Zeitverzögerung zwischen Gedanke, Handlung oder Antwort. In unserer Lebenszeit wurde alles unbeschreiblich schnell beschleunigt. Die Informationsflut verdoppelt sich etwa alle zwanzig Monate. Für die meisten von uns bedeutet dies, dass

- wir mindestens doppelt so viel Post, Faxe und E-Mails erhalten,
- von uns in der gleichen Zeit doppelt so viel verlangt wird,
- wir mehr als doppelt so viel Möglichkeiten haben, was wir als Nächstes tun können.

Einflüsse auf unser Zeitverhalten

Geschäftsübernahmen und Fusionen haben unser Leben verändert. Marktbewegungen und politische Veränderungen in der Welt bedeuten, dass ein Markt, der sehr aktiv und profitabel war, in kurzer Zeit verschwinden kann. Als die Berliner Mauer fiel, die Sowjetunion und Jugoslawien sich auflösten, der Golfkrieg begann und endete, wurde unser aller Leben nachhaltig beeinflusst. Wir sind mit mannigfachen internationalen Krisen konfrontiert, jede einzelne ohne Präzedenzfall; deshalb müssen wir bei null anfangen, um Lösungen zu finden – eine weitere zeitaufwändige Aufgabe. Welchen Einfluss hat das auf unsere Einstellung und unser Verhalten im Umgang mit der Zeit?

Hetz-Krankheit: Hurry Sickness

In den USA gibt es eine neue Krankheit namens *Hurry Sickness* (Hetz-Krankheit), die wir erstmals bei Larry Dossey in *Space, Time and Medicine* beschrieben finden.

Hurry Sickness wird durch den widersprüchlichen Irrglauben ausgelöst, dass, wenn wir einfach alles genug beschleunigen können, wir letztendlich auch »alles erreichen können«.

26

Diese Geisteshaltung führt auf jeden Fall zu chronischen Stress-krankheiten wie Herzbeschwerden, Arthritis, Magengeschwüren oder nervösen Spannungen.

Die meisten Menschen berichten über ihre *Freizeit*, dass sie unterm Strich weniger Zeit, weniger Entspannung und weniger Lebensqualität haben. Kann es sein, dass wir die Art und Weise, wie wir über den Umgang mit Zeit denken, ändern müssen?

3.2 Die Hetz-Krankheit (Hurry Sickness): Eine Epidemie an unserem Arbeitsplatz

»Je mehr ich hetze, desto mehr gerate ich in Verzug!« Kennen Sie dieses überwältigende Gefühl der Hoffnungslosigkeit? Sie gehen früher zur Arbeit und sind entschlossen, alles aufzuholen, nur um dort erneut mit einer Flut von Krisen, Unterbrechungen und neu-en Projekten konfrontiert zu werden. Am Ende des Tages haben Sie so hart gearbeitet, wie dies nur menschenmöglich ist. Dennoch konnten Sie nichts von Ihrer Liste streichen, sondern haben statt-dessen sechs neue große Verantwortungsbereiche hinzugefügt.

Hört sich das vertraut an? Dann sind Sie nicht allein, denn die meisten Leute leiden unter dem Einfluss des Personalabbaus, dem immer schnelleren Tempo, das durch neue Technologie ent-steht, und unter dem Druck, in kürzerer Zeit mit weniger Perso-nal und geringerem Budget immer mehr zu schaffen.

Doch die *Hetz-Krankheit* ist mehr als nur das Gefühl, sich stän-dig beeilen zu müssen und sich aus dem Karussell der täglichen Verpflichtungen befreien zu wollen.

Ebenso wie *Pawlows Hunde* lernten, zur unpassenden Zeit Speichel zu produzieren, haben wir gelernt, uns unpassend zu be-eilen. Unser Sinn für Dringlichkeit wird nicht durch ein echtes Be-dürfnis nach schnellem Handeln ausgelöst, sondern durch erlernte Stichwörter. Unsere *Glocken* sind die Armbanduhr, der Wecker, der Frühstückskaffee und Hunderte von selbst auferlegten Erwar-tungen, die wir in unseren routinemäßigen Tagesablauf einbauen.

Wie können wir feststellen, ob wir von der *Hetz-Krankheit* in-fiziert sind? Schauen Sie sich die folgende Liste mit *typischen Symp-tomen* an. Kreuzen Sie die Aussagen an, die auf Sie zutreffen.

Checkliste: Sind Sie von der Hetz-Krankheit infiziert?

1. Ich fahre häufig mindestens zehn Stundenkilometer schneller als erlaubt. ○

2. Ich unterbreche andere und/oder beende ihre Sätze. ○

3. Auf Sitzungen werde ich ungeduldig wenn jemand vom Thema abschweift. ○

4. Es fällt mir schwer, Menschen zu respektieren, die ständig zu spät kommen. ○

5. Ich beeile mich, um immer ganz vorn in der Schlange zu sein, selbst wenn es nicht darauf ankommt (z. B. als Erster aus einem Flugzeug auszusteigen, um dann länger am Gepäckband zu stehen). ○

6. Wenn ich in einem Laden oder Restaurant länger als einige Minuten auf die Bedienung warten muss, werde ich ungeduldig und gehe oder beschwere mich. Für mich ist Zeit Geld! ○

7. Im Allgemeinen betrachte ich diejenigen, die langsam sprechen, handeln oder entscheiden, als weniger fähig. Ich bewundere Menschen, die mit meinem hohen Tempo mithalten! Ich bin stolz auf meine Schnelligkeit, Effizienz und Pünktlichkeit. ○

8. Ich betrachte »Herumgammeln« als Zeitverschwendung. ○

9. Ich bin stolz darauf, Dinge fristgerecht fertig zu haben, und würde lieber auf die Chance verzichten, ein Produkt zu verbessern, als eine Verspätung in Kauf zu nehmen. ○

10. Ich treibe meine Kinder und/oder meinen Ehepartner häufig zur Eile an. ○

Summe: _____

Auswertung

- *0 bis 3 Punkte:* Glückwunsch! Sie bringen gute Voraussetzungen für eine *gesunde Belastbarkeit* mit und wissen bereits: »In der Ruhe liegt die Kraft.«

- *4 bis 6 Punkte:* Sie leben bereits in einer *Gefahrenzone.* Setzen Sie sich mit unseren Vorschlägen auseinander und bemühen Sie sich um ein besseres, ausgewogenes Gleichgewicht zwischen Stressbelastung und entsprechenden Ausgleichsprogrammen (Erholung, Entspannung, Psychohygiene).

- *7 und mehr Punkte:* Die Hetz-Krankheit hat bei Ihnen bereits ein *gefährliches Stadium* erreicht! Sie sollten ab sofort Ihre Drehzahl konsequent reduzieren, bevor es zu spät ist.

Was spricht also gegen ein *hohes Tempo?* Wir dachten immer, ganz vorn zu sein sei bewundernswert. Bei der Olympiade zeichnen wir diejenigen, die als Erste ins Ziel gehen, schließlich mit Goldmedaillen aus!

Das Problem ist nicht das Tempo an sich. Das Problem beginnt, wenn Tempo zum einzigen Kriterium wird. Eine nützliche Metapher kommt aus der Computerwelt: Das Wort *Flattern* beschreibt eine Situation, in der ein Computer seine gesamte Zeit mit administrativen oder organisatorischen Tätigkeiten verbringt und die *echte* Arbeit nicht durchfließen kann.

Tempo: Flattern

Eine weitere Metapher stammt aus der Welt der Medizin und nennt sich *Flimmern.* Wenn Ihr Herz zu flimmern, d. h. schnell

Hetze: Flimmern

29

zu schlagen beginnt, wird das Blut blockiert anstatt durch das Herz gepumpt. Bei der *Hetz-Krankheit* beeilen Sie sich, ohne zu bemerken, dass Sie möglicherweise den eigentlichen Sinn verfehlen. Hastet man z. B. durch eine Sitzung, kann man zwar die Sitzung pünktlich beenden, hat am Ende jedoch nicht das Vertrauen aufgebaut oder das Feedback erhalten, das von allen Parteien benötigt wird. Nimmt man sich bei einem Telefongespräch nicht die nötige Zeit, kann man leicht das Zögern in der Stimme des Kunden überhören und demzufolge den Auftrag verlieren.

Leben als Hetze   Am wichtigsten jedoch ist, dass Sie durch *Ihr Leben hetzen* können – als jüngster Generaldirektor aller Zeit, als Marathonsieger, als jemand, der in kürzester Zeit seine erste Million verdient hat – nur um anschließend festzustellen, dass Sie in Ihrer Eile nie so recht Zeit hatten, sich Familie und Freunden zu widmen oder all die schönen Augenblicke zu genießen, die das Leben erst lebenswert machen. Wenn ein erwachsenes Kind dann zu Ihnen sagt, dass Sie früher nie für es dagewesen seien, kann es zu spät sein, um einen neuen Anfang zu machen.

Leben ändern   Doch es ist nie zu spät für die Entscheidung, sich zu ändern und das Leben anders zu leben.

»Sie haben nun Ihren Standpunkt klargemacht! Aber wie soll ich mich ändern, wenn ich mein ganzes Leben dafür belohnt worden bin, mich zu beeilen?«

Wenn Sie den Mut haben, Ihre eigene *Hetz-Krankheit* zu erkennen und sich entscheiden, diese zwanghafte Lebensweise mit einer bereichernden, ausgewogenen Mischung aus verschiedenen Geschwindigkeiten auszugleichen, werden Sie Ihre Gesundheit, Ihre langfristige Leistungsstärke und Ihre Lebensqualität verbessern. Außerdem eignen Sie sich so wesentlich bessere Führungsqualitäten an und werden ein Vorbild für all die Menschen, die Sie lieben und respektieren und die Ihnen vertrauen.

WAS SIE GEGEN DIE HETZ-KRANKHEIT TUN KÖNNEN

1. Sehen Sie bei der Planung jedes Tages und jeder Woche bestimmte Zeitfenster vor, die ohne Uhr ablaufen.
2. Nehmen Sie abends oder am Wochenende Ihre Uhr ab.
3. Planen Sie Zeit zum Nichtstun ein.
4. Genießen Sie Tagträumereien, Männchen malen, ein Nickerchen machen oder das Dahintreiben.
5. Wenn Sie Ihren Tag, Ihre Woche oder Ihren Monat bewerten, belohnen Sie sich dafür, dass Sie ein Gleichgewicht zwischen »tun« *und* »sein« geschaffen haben, zwischen dem Erfüllen Ihres Arbeitspensums *und* dem Schnuppern an Rosen, zwischen effizient sein *und* bewusst sein.
6. Planen Sie ganz bewusst Perioden der Ruhe und des Schweigens in Ihr Leben ein. Hören Sie auf Ihren Körper, Ihre Gefühle, Ihre Intuition. Die Inspiration des Genies entspringt dem Schweigen.

3.3 Gehirn-Engineering: Neuere Erkenntnisse aus der Hirnforschung

Wussten Sie, dass 95 Prozent von all dem, was wir über das menschliche Gehirn wissen, in den letzten fünf bis zehn Jahren herausgefunden wurde? Oder dass selbst der klügste Kopf weniger als ein Prozent des Gesamtpotenzials seines Gehirns benutzt? Macht Sie dies neugierig darauf, herauszufinden, wozu Sie in der Lage wären, wenn Sie die 99 Prozent latente Hirnkraft aktivieren könnten, die darauf warten, Ihnen zu dienen?

Und falls Sie jetzt schon etwas skeptisch sind, fragen Sie sich, wie viele Wege Sie von zu Hause zur Arbeit nehmen. Wahrscheinlich nicht mehr als zwei oder drei. Wenn wir Ihnen jedoch 100 Euro für jeden neuen Weg bieten würden, den Sie finden könnten, würden Sie dann nicht ständig neue Möglichkeiten ausfindig machen? Selbst wenn Sie irgendwann einmal alle Straßenverbindungen erschöpft hätten, gäbe es Abkürzungen durch Gassen oder über Parkplätze und freien Baugrund oder Felder. Sie können diese Metapher auch auf Ihr Gehirn anwenden. Stellen Sie sich die vielen Möglichkeiten vor, in denen Sie neue Gedankenmuster, Beispiele und Optionen entwickeln könnten.

Gehirn-Engineering

Gehirn-Engineering ist unser Ausdruck für den Prozess, gewonnene Informationen über das Gehirn und das menschliche Potenzial anzuwenden, um aktuelle Geschäftsprobleme zu lösen. Aus Fachbereichen wie Neurolinguistische Programmierung (NLP), Psychoneuroimmunologie und Beschleunigtes Lernen können Unternehmen neue Einblicke ableiten, die die Produktivität steigern, die Lebensqualität verbessern und der Herausforderung gerecht werden, mit weniger mehr zu erreichen – schneller und besser.

Lebensqualität

Kein Thema erscheint so bedeutend, so wichtig und so einflussreich wie unsere Einstellungen und Verhaltensweisen im Umgang mit *Zeit* und deren Auswirkungen auf unsere *Lebensqualität*.

Linke und rechte Hirnhälfte

In den letzten 30 Jahren haben Forscher einige faszinierende neue Informationen darüber gewonnen, wie sich unser Gehirn entwickelt und wie wir produktiver und kreativer werden können. Ungefähr die Hälfte der Bevölkerung bevorzugt die *linke Hemisphäre* in ihrem Denk- und Verhaltensstil, während die andere Hälfte die *rechte Hemisphäre* vorzieht. Dieses hat eine grundlegende Bedeutung für das persönliche Zeitmanagement und sogar dafür, wie wir Zeit erleben.

Rechte Hemisphäre

Wir alle haben zwei Hemisphären in unserem Großhirn, kurz als *rechtes* und *linkes* Gehirn bezeichnet. In den ersten sechs Le-

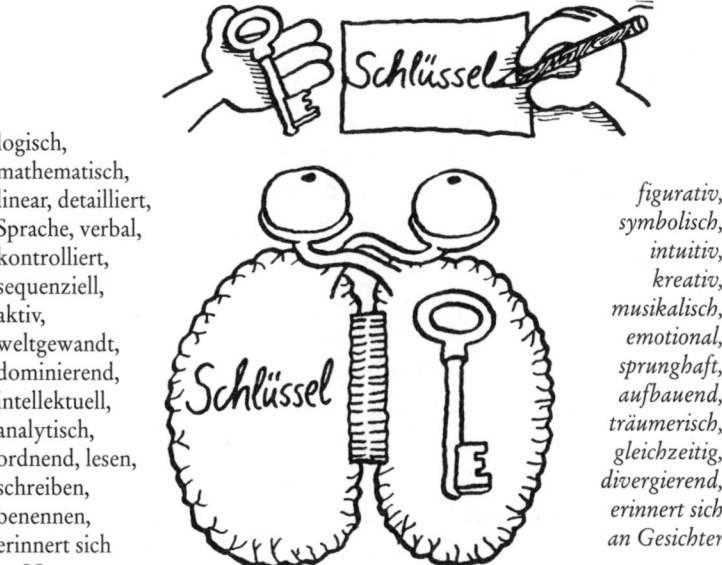

logisch,
mathematisch,
linear, detailliert,
Sprache, verbal,
kontrolliert,
sequenziell,
aktiv,
weltgewandt,
dominierend,
intellektuell,
analytisch,
ordnend, lesen,
schreiben,
benennen,
erinnert sich
an Namen

*figurativ,
symbolisch,
intuitiv,
kreativ,
musikalisch,
emotional,
sprunghaft,
aufbauend,
träumerisch,
gleichzeitig,
divergierend,
erinnert sich
an Gesichter*

DIE BEIDEN HEMISPHÄREN DES GEHIRNS

bensjahren werden wir hauptsächlich von unserer *rechten He-misphäre* gesteuert. Hier sitzt das Verhalten, das wir als typisch für ein kleines Kind betrachten, wie z. B. Fantasie, emotionelle Ausdruckskraft, körperliche Aktivität, häufige Aufmerksamkeitsänderungen, Neugierde, Spieltrieb, Sinnlichkeit, Nicht-Angepasstsein, Intuition und hohe Kreativität.

Ungefähr mit sechs Jahren fängt in den meisten Kulturen die Schule an, und wir beginnen, die *linke Hemisphäre* unseres Gehirns zu entwickeln. Unsere Lehrer, Eltern und andere Autoritätspersonen arbeiten daran, uns Fähigkeiten beizubringen wie Logik, Ordnung, Disziplin, Angepasstsein, Arbeit, zielgerichtete Aktivität und verzögerte Belohnung. Sie lehren uns, Regeln zu befolgen und sich genau daran zu halten. Uns wurde immer gesagt, wir sollten uns wie »ein großer Junge oder ein großes Mädchen« verhalten. Für Kindlichkeit und Unreife wurden wir zurechtgewiesen oder streng getadelt. Von diesem Zeitpunkt an hat man uns hauptsächlich für Ereignisse belohnt, deren Fähigkeiten aus der linken Hemisphäre stammen.

Linke Hemisphäre

33

Die Forschung ist geteilter Meinung darüber, ob *Hemisphären-Dominanzen* durch Umwelt oder Anlage bedingt sind, aber die meisten Menschen scheinen ihre bevorzugte *Hirn-Dominanz* bereits im Teenageralter entwickelt zu haben. So wie viele von uns eine Hand-Dominanz, Augen-Dominanz und Fuß-Dominanz haben, etwa Rechts- oder Linkshänder sind, so ziehen viele beim Umgang mit ihrer Zeit und ihrem Leben entweder die rechte oder die linke Hirnhälfte vor. Dabei ergänzen sich der rechts- und der linkshirnige Ansatz gegenseitig und können *beide erfolgreich* sein, wenn wir unseren Beruf und unser Leben meistern wollen. Dies kann im Umgang mit der Zeit einen großen Unterschied ausmachen.

Es ist interessant zu entdecken, dass gerade solche Menschen in der Geschichte als Genies anerkannt wurden, die Spitzenkönner auf vielen Gebieten waren und sich vom Rest der Bevölkerung zum einen dadurch unterschieden, dass sie in einem hohen Maß *ganzhirnig* arbeiteten. Damit ist gemeint, dass sie in frühen Jahren irgendwie gelernt haben, die rechte genauso wie die linke Hirnhälfte als Möglichkeit der Informationsverarbeitung zu nutzen. Sie schätzen beide Hirnhälften im gleichen Ausmaß und konnten beide zu ihrem Vorteil integrieren. Der andere Unterschied liegt darin, dass alle diese Personen typischerweise eher *intrinsisch,* d. h. von innen heraus, *motiviert* sind als extrinsisch, d. h. von außen gesteuert, wie der größte Teil der Bevölkerung. Diese unterschiedliche Motivstruktur wirkt sich wiederum darauf aus, wie wir Zeit erleben.

3.4 Extrinsische versus intrinsische Motivation

Sind Sie extrinsisch oder intrinsisch motiviert?

- Wenn Sie *extrinsisch* motiviert sind, reagieren Sie eher auf das, was andere von Ihnen erwarten und wie Sie es Ihnen recht machen können, als auf das, was Ihre innere Stimme sagt.

- Wenn Sie *intrinsisch* motiviert sind, hören Sie zuerst auf Ihre inneren Signale und wägen diese dann gegen die Wünsche, Anforderungen und Bedürfnisse anderer ab.

Sie können wahrscheinlich beobachten, wie sich ein *extrinsisch* motivierter Mensch von den vielschichtigen Forderungen und

Bedürfnissen seiner Umwelt regelrecht eingeschnürt fühlen kann und buchstäblich keine Zeit mehr für sich selbst, für Spaß, für Gesundheitserhaltung und andere Lebensqualität übrig hat.

Wenn Sie andererseits *intrinsisch* motiviert sind, wird es Ihnen wahrscheinlich einfacher fallen, Grenzen zu ziehen und sich auf Ihre eigenen Bedürfnisse nach Lebensqualität zu konzentrieren, um dann vernünftig abzuwägen, welchen Bitten und Bedürfnissen von anderer Seite entsprochen werden sollte. Interessant in diesem Zusammenhang ist:

Intrinsische Menschen

> Je besser Sie Ihr eigenes Leben im Gleichgewicht haben und für sich selbst sorgen (Selbstmanagement), über desto mehr innere Ressourcen verfügen Sie, wenn Sie anderen helfen wollen.

Leben im Gleichgewicht

Wenn Sie Ihre eigenen Bedürfnisse vernachlässigen und bis zum Umfallen arbeiten, Urlaub und Spaß zurückstellen, keine Freude an Fitnessübungen und gesunder Ernährung haben, dann sind Sie lediglich ein übermüdeter, überarbeiteter, übellauniger Zeitgenosse, der für andere eine Zumutung darstellt. Dieser Persönlichkeitstyp *verschwendet* typischerweise seine *Zeit* für die falschen Dinge, indem er aus Unachtsamkeit Fehler macht, engstirnig notwendige Innovationen blockiert und ein Reizklima schafft, das einer guten Zusammenarbeit mit anderen abträglich ist.

Falsche Zeitverschwendung

Wir möchten Sie ermutigen, sich im Rahmen dieses Buches eine *persönliche Auszeit*, einen Termin mit sich selbst, zu nehmen und eine klare Vorstellung zu entwickeln, wie Ihr Leben aussehen soll:

Persönliche Auszeit

- Was sind Ihre *Träume*, Ihre *Werte* und Ihre *Ziele*? Schreiben Sie es in den Übungen der nächsten Kapitel einfach auf! Es muss nichts in Schönschrift abgeliefert werden.

Werte und Ziele

- Sehen Sie Ihr späteres Leitbild *wöchentlich* durch. Stellen Sie sicher, dass Sie immer etwas tun – unabhängig davon, wofür Sie Ihre Zeit investieren –, das Ihrer höchsten Vision und Ihrem Lebensziel entspricht.

Leitbild

Man kann sich zwar denken, dass Sie daheim ein guter, liebevoller Partner und Elternteil sein wollen, dann aber – wenn Sie nicht

Zeit für das Wesentliche

aufpassen – sind Sie so sehr mit Ihrem Beruf und Ihrer Karriere beschäftigt, dass Ihre Familie Sie kaum noch sieht und richtig kennt. Das Ende vom Lied wäre ein müder, überarbeiteter Nörgler, der irgendwann mit der Familie viel Zeit verbringen will ... nur irgendwann kommt *nie!*

3.5 Linke und rechte Hirndominanzen

Bevorzugte Hirnhälfte

Auch wenn wir tagsüber beide Hirnhälften benutzen, bevorzugen viele doch nur eine Seite ihres Gehirns. Je häufiger wir diese *eine* Hemisphäre benutzen, desto stärker und effektiver entfaltet sie sich und desto heftiger wehren wir uns innerlich gegen einen Umstieg auf die andere Hemisphäre. Auf diese Weise entwickeln wir uns zu »ein-« oder »halbhirnigen« Individuen.

Hirndominanzen und Zeitmanagement

Welche Hirnhälfte bevorzugen *Sie?* Mithilfe unseres Fragebogens können Sie im Hinblick auf Ihr *persönliches Zeitmanagement* ermitteln, in welchem Umfang Sie sich Ihrer rechten und Ihrer linken Hirnhälfte bedienen.

ANLEITUNG ZUM FRAGEBOGEN:
HIRN-DOMINANZEN UND PERSÖNLICHES ZEITMANAGEMENT

Lesen Sie bitte die folgenden Aussagen und entscheiden Sie, was am besten auf Sie zutrifft. Dann kreisen Sie die Nummer ein, die Sie sich selbst auf der Linie zwischen folgenden Extremen zuordnen würden: L5 bedeutet extrem organisiert, planvoll und stets einer genauen Routine folgend, R5 ist extrem zufallsbedingt, flexibel, spontan, sich niemals wiederholend, unberechenbar.

Wenn Sie finden, dass Sie manchmal methodisch sind und manchmal nicht, würden Sie wahrscheinlich irgendwo zwischen L3 und R3 liegen. Wenn Sie finden, dass Sie bei der Arbeit extrem organisiert, planvoll und terminbewusst sind, jedoch zu Hause genau das Gegenteil, können Sie auch zwei Zahlen auf derselben Linie einkreisen, von denen eine das Büro und die andere Ihr Privatleben darstellt.

Lassen Sie sich bei dieser Selbstbewertung bei jeder Frage von Ihrer Intuition leiten. *Folgen Sie Ihrem ersten Impuls!*

1. Wie beginnen Sie Ihren Tag? Machen Sie erst
   einmal eine Liste mit Prioritäten, an die Sie
   sich halten?

   Oder legen Sie einfach los und haben schon bald
   mehrere Dinge gleichzeitig laufen?

   L   5   4   3   2   1   0   1   2   3   4   5   **R**

2. Durchlaufen Sie jeden Morgen, wenn Sie sich
   fertig machen, eine ähnliche Abfolge?

   Oder verändern Sie Ihre Routine je nachdem,
   wie Sie sich fühlen, und finden sich selbst ziemlich unberechenbar?

   L   5   4   3   2   1   0   1   2   3   4   5   **R**

3. Finden Sie, dass Sie am besten arbeiten, wenn
   Sie erst einmal eine Aufgabe beenden, bevor
   Sie eine weitere verfolgen?

   Oder finden Sie, dass Sie am besten arbeiten,
   wenn Sie einen spontanen Arbeitsansatz verfolgen und mit mehreren Aufgaben gleichzeitig
   jonglieren?

   L   5   4   3   2   1   0   1   2   3   4   5   **R**

4. Wenn Sie ein Wochenende sorgfältig geplant
   haben, und Ihr/e Partner/in plötzlich einen
   Alternativplan vorschlägt, würde die unerwartete Veränderung Sie eher irritieren?

   Oder könnten Sie sich für diesen neuen Plan begeistern – ganz einfach weil Sie Überraschungen
   und Tempowechsel lieben?

   L   5   4   3   2   1   0   1   2   3   4   5   **R**

5. Sind Sie am besten, wenn es darum geht, etwas bis zum Ende durchzuziehen und dafür
   zu sorgen, dass alle Einzelheiten bedacht und
   ausgeführt werden?

   Oder würden Sie lieber neue Ideen und Pläne für
   Projekte entwickeln und die Weiterverfolgung und
   Einzelheiten eher jemand anderem überlassen?

   L   5   4   3   2   1   0   1   2   3   4   5   **R**

6. Wenn man Sie um Hilfe an Projekten bittet und Sie wissen, dass dies zeitaufwändig für Sie sein wird, fällt es Ihnen leicht, »Nein« zu sagen, wenn es sein muss?

> Oder sagen Sie erst einmal »Ja« und haben dann kaum Zeit für die versprochene Hilfeleistung?

L   5   4   3   2   1   0   1   2   3   4   5   **R**

7. Wie viele spontane Aktivitäten haben Sie in den letzten zwei Wochen initiiert? Nur wenige?

> Oder mehrere?

L   5   4   3   2   1   0   1   2   3   4   5   **R**

8. Brauchen oder wünschen Sie vor dem Ausgehen Vorwarnung – möglichst mehrere Tage im Voraus?

> Oder lieben Sie spontane Pläne, Gäste zum Essen einzuladen oder abends auszugehen?

L   5   4   3   2   1   0   1   2   3   4   5   **R**

9. Haben Sie bei Spontaneinkäufen im Kopf, was Sie sich leisten können, oder haben Sie bestimmte Mittel hierfür beiseite gelegt?

> Oder tätigen Sie Impulskäufe und denken erst anschließend darüber nach, wie Sie dafür bezahlen können?

L   5   4   3   2   1   0   1   2   3   4   5   **R**

10. Wenn sie eine unangenehme Aufgabe erledigen müssen, erledigen Sie diese gleich als Erstes, damit Sie es hinter sich haben?

> Oder versuchen Sie, die Entledigung einer unangenehmen Aufgabe möglichst abwechslungsreich zu gestalten oder neue, weniger langweilige Wege zu finden, oder schieben Sie die Aufgabe sogar so lange vor sich her, bis sie deshalb so aufregend ist, weil sie mittlerweile kritisch geworden ist?

L   5   4   3   2   1   0   1   2   3   4   5   **R**

11. Wenn ich unangemeldet an Ihrem Arbeitsplatz vorbeikäme, würde ich feststellen, dass die meisten Dinge sich an ihrem Platz befinden und dass es einen Platz für die meisten Dinge gibt?

Oder würde ich normalerweise feststellen, dass sich die Arbeit stapelt und Dutzende von Telefonmitteilungen an allen möglichen Gegenständen kleben – das Chaos einer viel beschäftigten Person? Sagen Sie oft: »Eines Tages organisiere ich mich, sobald ich etwas mehr Zeit habe«?

L   5   4   3   2   1   0   1   2   3   4   5   R

12. Legen Sie die Unterlagen gewöhnlich bei Abschluss jedes Projektes routinemäßig ab und halten Ihren Schreibtisch für das Projekt frei, an dem Sie gerade arbeiten?

Oder haben Sie meist viele Unterlagen und Akten auf dem Tisch herumliegen, damit Sie sie nicht vergessen? Finden Sie es einfacher, wenn Unterlagen und Akten sichtbar sind, anstatt »in der Kartei« abgelegt zu sein? (Wenn es Ihnen Probleme bereitet, mehr als eine Aktenüberschrift für dasselbe Projekt anzulegen oder Sie sich anschließend nicht erinnern, unter welcher Überschrift Sie ein Projekt oder Dokument abgelegt haben, so ist dies eine ausgeprägte R-Gehirnhälfte-Eigenschaft.)

L   5   4   3   2   1   0   1   2   3   4   5   R

13. Sind Sie stolz darauf, Fristen einzuhalten, und erscheinen normalerweise pünktlich zu Verabredungen und Sitzungen?

Oder hetzen Sie normalerweise von einem Termin zum anderen und kommen dabei häufig zu spät?

L   5   4   3   2   1   0   1   2   3   4   5   R

14. Wenn Sie Ihren Terminkalender planen, bauen Sie normalerweise Zeit für Planung und für Arbeit »hinter den Kulissen« ein?

Oder tragen Sie nur die Sitzungen, Stichtage und Termine ein und versuchen dann verzweifelt, die Zeit zu finden, um die ganzen Vorbereitungsarbeiten zu erledigen?

L   5   4   3   2   1   0   1   2   3   4   5   R

15. Halten Sie Termine problemlos ein und haben Ihren Teil häufig schon früher fertig?

Oder haben Sie häufig das Gefühl, dass Sie »sich umbringen«, um den nächsten Termin einzuhalten … aber das macht Ihnen nicht allzu viel aus, weil Sie wissen, dass Sie unter Druck am besten arbeiten?

L   5   4   3   2   1   0   1   2   3   4   5   R

16. Sammeln Sie hauptsächlich alle Fakten, analysieren die Daten und treffen dann eine geradlinige Entscheidung, bei der Sie gewöhnlich bleiben?

Oder spielen Ihre Ahnungen und intuitiven Gefühle eine große Rolle bei Ihren Entscheidungen? Finden Sie, dass Ihr Gefühl, das »aus dem Bauch« kommt, sich oft als richtig bestätigt und dass Sie ihm vertrauen können?

L   5   4   3   2   1   0   1   2   3   4   5   R

17. Arbeiten Sie besser allein und bringen Ihre Gedanken gern zu Papier? Ist es Ihnen lieber, dass andere ihre Ideen erst aufschreiben und Ihnen dann zur Ansicht vorlegen?

Oder denken Sie am liebsten laut, im Stehen oder zusammen mit anderen stimulierenden Denkern und finden es schwierig, Dinge präzise niederzulegen?

L   5   4   3   2   1   0   1   2   3   4   5   R

18. Wenn Sie Entscheidungen treffen, sind Sie ein entscheidungskräftiger Mensch, der selbstsichere Entscheidungen trifft und anschließend selten seinen Standpunkt ändert?

Oder ändern Sie dann häufig wieder Ihre Meinung, entscheiden Sie sich zum selben Thema den einen Tag mit »Ja«, am nächsten Tag mit »Nein« und anschließend mit »Vielleicht«?

L   5   4   3   2   1   0   1   2   3   4   5   R

19. Bleiben Sie lieber in derselben Stellung, um dort Ihre Arbeit mit immer größerer Kompetenz zu verrichten? (Sieben Jahre oder mehr)

Oder ziehen Sie es vor, Ihre Posten, Verantwortungsbereiche und Schwerpunkte mindestens alle drei bis fünf Jahre (oder sogar noch häufiger) zu wechseln, um frisch zu bleiben und sich weiterzuentwickeln?

L   5   4   3   2   1   0   1   2   3   4   5   R

20. Wenn Sie ein Geschäftsessen veranstalten, gehen Sie dann lieber irgendwohin, wo Sie schon einmal gewesen sind und wo Sie etwas auf der Speisekarte bestellen können, was Sie schon einmal gegessen haben, ein bewährtes Lieblingsgericht?

Oder probieren Sie gerne ein neues Restaurant aus – nur weil es Spaß macht und aufregend ist, etwas Neues zu probieren –, z. B. indem Sie einen Restaurantführer konsultieren?

L   5   4   3   2   1   0   1   2   3   4   5   R

21. Trennen Sie Arbeit und Freizeit und reservieren Witze und frivole Urlaubsgeschichten für Kaffeepausen und Mittagszeit? Schätzen Sie Mitarbeiter, die die Arbeitszeit nicht mit privatem Geplapper stören?

Oder würzen Sie Ihren ganzen Tagesablauf großzügig mit Spaß und Humor – hier ein Wortspiel, dort ein Witz am Telefon? Sind Humor und Verspieltheit Ihre zweite Natur?

L   5   4   3   2   1   0   1   2   3   4   5   R

22. Denken Sie an die Zeitschriften, die Sie gerne lesen oder abonnieren. Bevorzugen Sie eher wortorientierte Druckwerke wie die *FAZ* oder das *Handelsblatt*?

Oder lieben Sie gute Fotos, viel Farbe und Aktion (z. B. *Stern*, *Focus* oder *Fit for Fun*)?

L   5   4   3   2   1   0   1   2   3   4   5   R

23. Wie lesen Sie Ihre Lieblingszeitschrift? Lesen Sie einen Artikel nach dem anderen ganz zu Ende, bevor Sie mit dem nächsten beginnen?

Oder lesen Sie oft Teile mehrerer Artikel und gehen dann zurück, um nur diejenigen zu Ende zu lesen, die Sie wirklich interessieren?

L   5   4   3   2   1   0   1   2   3   4   5   R

24. Wenn Sie ein neues Buch aussuchen, prüfen Sie den rückwärtigen Einband, die Seitenklappen und das Inhaltsverzeichnis, um zu sehen, worum es geht? Fangen Sie generell am Anfang eines Buches an und lesen kontinuierlich bis zum Ende weiter?

Oder bevorzugen Sie Bücher mit Bildern, gutem optischen Design und einer Vielzahl von Schriftbildern und -größen? Blättern Sie häufig von hinten nach vorne und lesen dabei stellenweise Auszüge, um zu sehen, ob Sie weiterlesen möchten?

L   5   4   3   2   1   0   1   2   3   4   5   R

25. Wenn Sie in die Stadt fahren, versuchen Sie im Allgemeinen einen guten, effizienten Weg zu finden, bei dem Sie dann bleiben?

Oder entdecken Sie häufig neue Wege, um gewohnte Zielorte in der Stadt anzufahren – möglicherweise indem Sie die Seitenstraßen auskundschaften?

L   5   4   3   2   1   0   1   2   3   4   5   R

26. Wenn Sie ein Problem mit Ihrem Wagen ha-
    ben, lösen Sie es durch einen analytischen
    Eliminationsprozess, vielleicht unter Heran-
    ziehung eines Fachmannes oder eines Auto-
    reparaturbuches?

    · Oder diagnostizieren Sie das Problem gewöhn-
    lich, indem Sie auf die Wagengeräusche oder das
    Fahrverhalten achten?

    L   5   4   3   2   1   0   1   2   3   4   5   R

27. Geben Sie Dinge, die Sie nicht brauchen,
    systematisch weiter und sind stolz darauf,
    keinen unnützen Kram zu horten?

    Oder fällt es Ihnen schwer, einen Dachboden, ei-
    ne Gartenlaube oder eine Abstellkammer aus-
    zuräumen, weil Sie wissen, dass Sie das, was Sie
    heute wegschmeißen, nächste Woche brauchen
    werden?

    L   5   4   3   2   1   0   1   2   3   4   5   R

Auswertung Ihres Hirn-Dominanz-Profils

Nachdem Sie alle Fragen beantwortet haben, sollten Sie nun nach einem allgemeinen Antwortmuster suchen. Fallen Sie häufiger in den ganz linken oder ganz rechten Bereich? Oder liegen Sie oft in der Mitte? Fangen Sie mit Frage 1 auf Seite 37
an und addieren Sie zuerst alle Zahlen zusammen, die Sie rechts von der »0« auf
der Punktezeile eingekreist haben. Die so berechnete Zahl ist Ihr R-Ergebnis. Als
Nächstes addieren Sie alle Zahlen, die Sie links von der »0« auf der Punktezeile
eingekreist haben. Diese Zahl ist Ihr L-Ergebnis.

Jetzt können Sie Ihr Links/Rechts-Dominanzprofil auf der zusammenfassen-
den Datenzeile eintragen.

Zusammenfassende Datenzeile

135 118 101 84 67,5 51 34 17 0 17 34 51 67,5 84 101 118 135

L – Linke Präferenz   **Rechte Präferenz – R**

Denken Sie daran: Es gibt keine »bessere« Gehirnhälfte. Beide Hälften sind auf
unterschiedliche Weise wertvoll und wichtig. Wir alle können unsere Produkti-

vität steigern, indem wir bewusst unsere Fähigkeit steigern, in allen Bereichen unseres Gehirns zu arbeiten. Wenn Ihre Antworten ganz rechts oder ganz links liegen, sollten Sie versuchen, mit Menschen zusammenzuarbeiten, die das gegenteilige Profil haben. Eine weitere Möglichkeit zur Verbesserung besteht darin, sich bewusst um Aufgaben zu bemühen, die eine gegenteilige Dominanz erfordern.

Wenn Ihre Antworten in den Mittelbereich fallen, versuchen Sie, Ihre Bequemlichkeit etwas zu strecken, indem sie an beiden Enden der Skala arbeiten.

Das Geheimnis des Potenzials von Genies ist nicht, was sie haben, sondern wie sie ihr Gehirn einsetzen. Menschen, die als Genies gelten, verfügen normalerweise über eine breite Spanne von Fähigkeiten (z. B. Leonardo da Vinci, Thomas Jefferson oder Colette). Sie haben gelernt, sowohl mit hoch strukturierten als auch mit hoch kreativen Aufgaben mühelos umzugehen.

Rechtshirnige Menschen

Desorganisation
Werden Sie von Ihrer rechten Hirnhälfte dominiert, sind Sie die typische *unorganisierte Person,* die von anderen ständig zur Ordnung bekehrt werden soll. Auf Ihrem Schreibtisch oder Arbeitsplatz türmen sich Haufen und Stapel an Unterlagen, gleichwohl finden Sie normalerweise alles, was Sie brauchen.

Zu viel auf einmal
Sie schreiben sich Ihre Aktivitäten nicht auf, denn wenn Sie es tun, können Sie entweder den Zettel nicht finden oder vergessen, die Aufgabe zu erledigen. Sie bearbeiten typischerweise sechs oder acht Projekte auf einmal und springen zwischen ihnen hin und her, so wie es Ihnen gerade in den Sinn kommt.

Aufschieberitis und Zeitdruck
Sie schieben mehr Projekte an als die meisten Menschen und überziehen Abgabetermine. Unter Zeitdruck arbeiten Sie recht gut und genießen es, auf den letzten Drücker fertig zu werden. Typischerweise sind Sie zu spät dran: beim Beginn von Besprechungen, mit der Abgabe von Berichten und mit dem Feierabend. Dies liegt nicht daran, dass Ihnen andere gleichgültig sind, sondern daran, dass Sie von zwischenmenschlichen Themen regelrecht aufgesaugt werden, die scheinbar immer länger dauern als erwartet.

Kommunikation und Team
Sie sprechen Ideen lieber in Meetings mit anderen durch und schweifen leicht vom Thema ab; Sie mögen es nicht, alleine zu arbeiten und Ihre Gedanken niederzuschreiben. Wenn Sie dann doch Memos oder Briefe schreiben, brauchen Sie viele Worte und

44

Seiten, um Ihre Ideen auszudrücken. Sie haben Spaß daran, neue Ideen zu produzieren, tun sich aber schwer bei den konkreten Umsetzungsschritten im Detail.

Sie sind berechenbar unberechenbar! Wenn Sie Regeln aufstellen, vergessen Sie, sich daran zu halten. Gebrauchsanleitungen lesen Sie nur, wenn Sie nicht weiterkommen. Sie bevorzugen, spontan zu arbeiten und zu leben und vergessen, sich Termine in Ihren Kalender zu schreiben. Papierkram, Post und Erinnerungsstücke können Sie nur schwer wegwerfen. Wenn Sie den ganzen Samstag damit verbringen, Ihren Hobbyraum aufzuräumen, überlegen Sie sich am Montag, warum Sie das Zeug nicht doch behalten, das Sie bereits wegzuwerfen entschieden hatten. Papierkram und Ideen

Wahrscheinlich haben Sie schon Bücher über *Zeitmanagement* gelesen oder entsprechende Seminare besucht, nur geholfen haben Ihnen diese nicht. Und hier kommt die gute Nachricht! All die Jahre haben Sie Schuldgefühle angehäuft, weil Sie anscheinend weder planen noch Prioritäten setzen oder nicht in der Lage sind, sich an Termine und Pläne zu halten oder »jeden Vorgang nur einmal in die Hand« nehmen. Dies liegt nicht daran, weil Sie schlampig, faul oder dumm wären: Probleme beim Zeitmanagement

Tatsächlich sind Sie wahrscheinlich ein *visueller, divergenter, polychronischer* Mensch, und Ihr Gehirn verlangt ganz einfach nach einem völlig anderen Ansatz, wie Sie Ihre Zeit managen können!

Linkshirnige Menschen

Werden Sie von Ihrer linken Hirnhälfte dominiert, dann haben
Sie eine gewisse Korrektheit und ziehen es vor, in aufgeräumter
Umgebung zu arbeiten. Sie führen erst eine Sache zu Ende, bevor
Sie die nächste beginnen. Vorgänge, die Sie erledigt haben, legen
Sie gleich ab, weil Sie ordnungsliebend sind und die Vorgänge
wiederfinden wollen, wenn sie beim nächsten Mal gebraucht
werden. Sie stellen Listen auf, setzen Prioritäten, beschränken
sich auf Anweisungen und ziehen es vor, Details Schritt für
Schritt abzuarbeiten.

Sie sind pünktlich und wünschen sich, andere wären es auch.
Wenn Sie eine Besprechung einberufen, versenden Sie vorab einen Ablaufplan, damit sich die Teilnehmer vorbereiten können.
Sie starten und beenden Ihre Meetings pünktlich. Sie brauchen
vertraute Abläufe, sind berechenbar und leben nach Regeln.

Ihre morgendliche Tagesroutine ist vorhersagbar: wann Sie aufstehen, was und wo Sie frühstücken und wann Sie im Büro ein-
treffen.

Wenn Ihnen das alles vertraut vorkommt und Ihrer Bedürfnis-
struktur nahe kommt, machen Sie sich klar, dass das traditionelle
Zeitmanagement von der linken Hirnhälfte geschrieben wurde
und bei *linkshirnig* Dominanten auch wunderbar funktioniert.

Wenn Sie aber eher *rechtshirnig* sind und linkshirnige Systeme
befolgen wollen, ist das etwa so, als ob Sie durch Brillengläser
schauen, die jemand anderem verordnet wurden. Obwohl die traditionellen Zeitmanagement-Regeln durchaus sinnvoll sind, kön-

nen Sie damit nicht arbeiten. Sie passen einfach nicht zu Ihrer Hirndominanz.

In Partnerschaften ist es interessant zu beobachten, dass wir typischerweise von der gegensätzlichen Hirnhälfte angezogen werden, und auch Geschwister scheinen sich untereinander und im Hinblick auf ihre Eltern zuweilen in die entgegengesetzte Richtung zu entwickeln. Teenager leben hauptsächlich in einer rechtshirnigen Zeitwelt, während ihre Eltern versuchen, sie aus linkshirnigen Zeitabläufen heraus zu kontrollieren. Diese Polarität kann eine Menge Ärger verursachen und viel Zeit kosten.

Gegensätze ziehen sich an

In Arbeitsgruppen und Projektteams finden sich normalerweise zunächst Menschen mit ähnlichen Hirndominanten zusammen. Für eine erfolgreiche Teamarbeit sollten jedoch entgegengesetzte Denk- und Arbeitsstile zusammenwirken. Wenn Sie diese unterschiedlichen Begabungen, Verhaltensweisen und Handlungsmotive zu erkennen und zu schätzen in der Lage sind, treten Sie nicht auf der Stelle und verschwenden keine kostbare Zeit. Wenn Sie andererseits wissen, wie sich ganzhirnige Synergie in den Gruppenprozess einbringen lässt, können Sie wesentlich mehr in viel weniger Zeit erreichen und dazu eine Menge Spaß haben. Diese Erfahrungen möchten wir gern mit Ihnen teilen.

Ähnliche Hirndominanzen

3.6 Wie wir über Zeit denken

Das Phänomen *Zeit* entsteht interessanterweise zunächst in unserem Kopf. Mit Beginn der industriellen Revolution wurde die Bedeutung von Uhren äußerst wichtig, und wir begannen, zu allen möglichen Gelegenheiten eine Uhr zu tragen. Seitdem glauben wir, dass jeder Tag nur 24 Stunden hat, dass Zeit linear verläuft und wir die gleiche begrenzte Menge an Zeit zur Verfügung haben.

Einstellungen zur Zeit

Einstein zeigte uns den Trugschluss dieses Denkansatzes auf. Von ihm lernten wir, dass Zeit *relativ* ist.

Erinnern Sie sich an zwei Minuten extremer Schmerzen oder an zwei Minuten beim Zahnarzt, die Ihnen wie zwei Stunden oder zwei Tage vorkamen. Denken Sie dann an zwei intensive ver-

gnügliche Tage mit Ihrer neuen Liebe, die wie ein Blitz vorbei-
gingen!

Zeitbewusstsein | Indem Sie Ihr Zeitbewusstsein verändern, können Sie auch Ihren Umgang mit Zeit verbessern.

**Zeitwahr-
nehmung
im Gehirn** Wenn Sie zum Beispiel Ihre Arbeit mit Spaß verrichten, dann kommt es Ihnen nicht nur so vor, als ob die Zeit schneller verge-hen würde, sondern die chemischen Prozesse in Ihrem Gehirn verändern sich auch. Wenn Sie Ihre Arbeit lieben, sie genießen und sich darauf freuen, produziert Ihr Gehirn Neurochemikalien wie Endorphine, die Ihre geistigen Qualitäten verbessern. Sie denken kreativer und nehmen Dinge wahr, die Sie sonst mögli-cherweise übersehen hätten. Sie können auf einmal die Arbeit von drei oder vier Personen erledigen.

Gemischte Zeit Ein Erfolgsgeheimnis hoch produktiver Leute besteht darin, dass sie es meisterhaft verstehen, mehrere Dinge innerhalb einer Zeitspanne auf einmal zu erledigen. Während andere um sie her-um in *linearer Zeit* denken, d. h. nur eine Aufgabe in einer be-stimmten Zeit abarbeiten, denken diese Menschen in *gemischter Zeit;* sie suchen kreativ nach Wegen, in der gleichen Zeit mehr als ein Ziel zu erreichen.

Beispielsweise mag ein Hotelpage Gäste begrüßen und ihnen be-hilflich sein, während er nach Möglichkeiten sucht, einen Extra-service zu bieten, um Folgebuchungen der Gäste zu sichern. Er kann aktive Öffentlichkeitsarbeit für das Hotel und die Stadt leis-

ten, *indem er aktuelle Neuigkeiten als Aufhänger für seine Gespräche benutzt, von seinen Gästen lernt und sein Netzwerk an Freunden und Kontakten erweitert. In mageren Zeiten sucht er nach Kleinigkeiten, um das Image des Hotels zu verbessern, korrigiert seine Haltung, übt sich im Sprechen mehrerer Sprachen, studiert Marketing und bittet den Hoteldirektor um ein Feedback zu seiner Arbeit.*

Sie können verfolgen, wie dieser junge Mann drei Jahre Berufserfahrung in einem Jahr erwirbt. Er könnte nach Hause gehen und seine Familie mit den neuesten Informationen und Ideen unterhalten, die er in seinem Job gelernt hat; vielleicht fährt er auch aus Fitness-Gründen mit dem Fahrrad zum Einkaufen, um gleichzeitig mit seinen Kindern im Freien zu sein und die Sonne zu genießen.

3.7 Denken Sie in monochronischer oder polychronischer Zeit?

Ein weiterer großer Unterschied im individuellen Zeitmanagement hängt damit zusammen, wie wir mit Zeit umgehen: **Umgang mit Zeit**

- Wenn Sie exakt nach der Uhr gehen, im Voraus planen und sich in der Regel an Ihren Zeitplan halten, dann sind Sie ein *monochronischer Zeitmanager*. Dies ist eher für linkshirnige Menschen typisch. Die Uhr ist die einzige Messgröße, und ein guter Zeitmanager erledigt alles rasch, termingerecht und vorhersagbar. So gesehen ist gerade das Zeitmanagement ein monochronischer Begriff. monochronisch
- Wenn Sie ein rechtshirniger Mensch sind, sind Sie auch eher ein *polychronischer Zeitmanager*. Das bedeutet, dass Sie Zeit in Relation zu Ihren verschiedenen, vielfältigen Randbedingungen verarbeiten, die im Voraus nicht berechenbar sind, wie Intuition oder Stimmungslagen. Eltern sein, Öffentlichkeitsarbeit, Training, Beratung und Führung sind alles polychronische Verantwortlichkeiten. Alle diese Tätigkeiten erfordern ein ständiges Nebeneinander, ein Eingehen auf verschiedene Anforderungen zum gleichen Zeitpunkt. polychronisch

Beispiele für polychronische Verantwortlichkeiten

Eine zeitlich voll engagierte Mutter muss sich z. B. um Einkäufe, Speisepläne, Wäscheberge, saubere Fenster bis hin zur Gartenpflege bemühen. Sie muss dafür sorgen, dass sich ihre Familienmitglieder nicht nur kulinarisch wohl fühlen. Zwischendurch sollen Hausaufgaben beaufsichtigt und kontrolliert, Kinder zu Ballett- oder Tennisstunden gebracht und wieder abgeholt, ein Kuchen gebacken, Besorgungen in der Stadt erledigt, Mahlzeiten zubereitet und last but not least abends der Ehemann verwöhnt werden.

Sie können vorher nicht sagen, wie lange es dauert, mit einem Mitarbeiter zu sprechen und einen Konflikt so beizulegen, dass beide Seiten einander zugehört haben, sich verstanden fühlen und gemeinsam die gefundene Lösung unterstützen. Sie können nicht vorhersagen, wie lange es dauert, um ein Virus zu eliminieren, das eine Fehlfunktion im Computer verursacht.

Polychronische Zeitmanager Wenn sich Ihr Leben und Ihre Karriere um polychronische Fragen drehen, können Sie durchaus als schlechter Zeitmanager dastehen, auch wenn Sie in Wirklichkeit Verantwortung für Probleme tragen, die sich nun wirklich nicht in ein Uhren-Schema pressen lassen.

Monochronie versus Polychronie Können Sie nachvollziehen, wie wichtig es für Ihr persönliches Zeitmanagement erscheint, sich darüber klar zu werden, ob Sie eher zum *monochronischen oder polychronischen* Ansatz tendieren? Es hilft in der Tat, herauszufinden, wie die eigenen Verantwortlichkeiten in diese beiden Kategorien hineinpassen. So kann es für zwei Personen sehr stressig sein, wenn ein primär polychronischer Mitarbeiter durch einen monochronischen Chef beurteilt wird.

In einer Ehe will der eine z.B. häufig frühzeitig los, um vor der Masse da zu sein, und versteht das unter »pünktlich«. Der andere Partner denkt immer noch darüber nach, was er anziehen soll, gießt eine Pflanze, sucht Windeln, Fläschchen und Kleidung für das Baby zusammen, während er mit den beiden anderen herumquengelnden Kindern beschäftigt ist – und verspätet sich typischerweise; für ihn ist das aber in Ordnung, weil es für ihn nur darum geht, die vereinbarte Zeit in etwa einzuhalten.

Synergie im Team Dieses Paar kann sich entweder gegenseitig stressen, indem es sich streitet und einander kritisiert. Oder es kann sich partner-

Monochronische Menschen	Polychronische Menschen
• befassen sich nur mit einer Sache,	• machen viele Dinge gleichzeitig,
• konzentrieren sich auf ihre Arbeit,	• sind schnell abzulenken und lassen sich leicht unterbrechen,
• nehmen Zeitvorgaben ernst (Stichdaten, Termine),	• betrachten Zeitvorgaben als Ziel, das es anzustreben und – wenn möglich – zu erfüllen gilt,
• sind wenig kontext-orientiert und brauchen Informationen,	• sind stark kontext-orientiert und haben bereits Informationen,
• engagieren sich für ihre Arbeit,	• engagieren sich für Menschen und zwischenmenschliche Beziehungen,
• halten sich gewissenhaft an Pläne,	• ändern Pläne häufig und problemlos,
• möchten andere nicht stören; respektieren die Privatsphäre und sind rücksichtsvoll,	• Menschen, zu denen sie eine enge Beziehung haben (Familie, Freunde, enge Geschäftspartner) sind ihnen wichtiger als Privatsphäre,
• haben großen Respekt vor Privatbesitz; borgen oder verleihen selten etwas,	• borgen und verleihen oft und gern,
• betonen Promptheit,	• machen Promptheit von der Beziehung abhängig,
• sind an kurzfristige Beziehungen gewöhnt.	• neigen stark dazu, lebenslange Beziehungen aufzubauen.

schaftlich verbünden, indem es die Stärken beider Denk- und Verhaltensstile benutzt. Wenn beide die Vorteile und Schwächen jedes Stils verstehen, können sie sich sehr gut ergänzen, indem sie jeweils von den Stärken des anderen profitieren. Das Ergebnis kann in echte *Synergie* einmünden, bei der das Ganze mehr ist als die Summe seiner Teile.

Monochronische Aktiva	Monochronische Passiva
• schnell	• Kann so auf die Zeit fixiert sein, dass er anderen gegenüber unsensibel wird und z. B. während eines Meetings dauernd auf die Uhr schaut.
• als guter Zeitmanager angesehen	
• Einstellung »Zeit ist Geld«	
• effizient	
• fast immer berechenbar und verlässlich	• Kann leicht für solche Dinge blind werden, die sich nicht konkret fassen lassen, wie z. B. Vertrauen, Übereinstimmung und Begeisterung für ein Ziel. Hin und wieder müssen Sie runterschalten und sich Zeit nehmen, um mit allen Beteiligten einfühlsam zu sprechen, sodass Sie hinterher um so schneller weitermachen können; denn jeder kann proaktiv zur Erreichung eines gemeinsamen Ziels beitragen.
• in Situationen im Vorteil, die eine zeitliche Synchronisation verlangen, z. B. Fertigungsabläufe oder Flugpläne	
• Musterbeispiel für andere beim Einhalten von Abgabeterminen	

AKTIVA UND PASSIVA DES MONOCHRONISCHEN UND POLYCHRONISCHEN ZEITANSATZES

Praxis-Tipp

Erfahrungs-austausch Finden Sie eine Person, die ein *gegenteiliges* Zeitverständnis zu Ihrem Zeitverständnis hat. Sprechen Sie einige Zeit darüber, wie jeder von Ihnen die Zeit wahrnimmt und mit seiner Zeit umgeht. Vermeiden Sie zu urteilen, wer von Ihnen richtig liegt; seien Sie einfach neugierig auf die Unterschiede und Vorteile für jeden von Ihnen. Suchen Sie nach Wegen, als Team zusammenzuarbeiten und voneinander zu profitieren.

Üben Sie öfters, selbst wenn es nur kleine Fortschritte sind, fangen Sie beide an, zunehmend ganzhirnig in Ihrem Zeitmanagement-Ansatz zu werden.

Polychronische Aktiva	Polychronische Passiva
• menschenorientiert	• kann nicht realistisch abschätzen, wie lange (Uhrzeit) etwas wirklich dauern wird
• als sensibel, intuitiv und hilfsbereit angesehen	• kann andere dadurch frustrieren, dass er sie warten lässt
• gut im Verhindern von Problemen, bevor sie zu echten Problemen werden	• kann als wenig effizient erscheinen, da dieser Mensch mehr Wert auf immaterielle Dinge legt wie Gefühle und Werte und weniger Wert auf Messbares, z. B. wie viele Bleistiftspitzer in einer Stunde gefertigt werden können
• gut im Teamaufbau	
• guter Zuhörer oder Vorgesetzter	• Seine Friedfertigkeit mag einige beruhigen, kann aber von anderen als fehlende Aggressivität und Antriebsfeder gegenüber der harten, rauen Wettbewerbsgesellschaft gedeutet werden.

Tipps für monochronische Situationen – mit polychronischen Bedürfnissen

Flexibilität

- Führen Sie mit Ihrem Team einen laufenden Dialog darüber, wie Sie *flexible Zeitziele* aufstellen können. Falls Sie auf einer Sitzung mehr Zeit benötigen, fragen Sie bei anderen nach, ob es möglich ist, länger zu bleiben, indem Sie eine Pause einlegen und Vorkehrungen treffen, um andere, verschiebbare Termine zu verlegen.

Pausen

- Wenn Sie feststellen, dass Sie sich bei kreativen Aufgaben von der Uhr antreiben lassen, legen Sie eine erfrischende *Pause* ein oder tun Sie eine Weile absichtlich etwas anderes, um etwas von dem Zeitdruck abzulassen.

Alternativplan

- Machen Sie es sich zur Gewohnheit, wann immer möglich, einen *Alternativplan* zu entwickeln. Halten Sie andere Leute über Angelegenheiten auf dem Laufenden, die diese Leute betreffen oder sich ändern könnten, sodass Sie Ihnen helfen können, ggf. auf der Stelle neue Pläne zu schmieden.

Pufferzeiten

- Wenn Sie polychronische Aufgaben oder Ereignisse planen, bleiben Sie dabei vage und approximativ. Lassen Sie *offene Zeitfenster* zwischen einzelnen Ereignissen. (Wir wissen von einer Führungskraft, die einen für jedermann per Computer zugänglichen Terminkalender führt und »Termine« mit einer fiktiven Person einträgt, um sich selbst die benötigten polychronischen Fenster zu geben.)

Entspannung

- Nehmen Sie mehrmals täglich etwas Abstand von der Intensität und dem Druck Ihrer Arbeit. *Entspannen* Sie sich völlig und machen Sie eine *Vergnügungspause*, in der Sie Ihre Batterien auffrischen und etwas tun, was Ihnen Spaß macht. (Eine vollständige Beschreibung von Vergnügungspausen finden Sie in Kapitel 13.) Sie werden feststellen, dass Sie gerade in diesen ganzheitlicheren Geisteszuständen oft innovative Geistesblitze haben. *Manchmal muss man erst langsamer werden, um schneller zu sein.*

Tipps für polychronische Situationen – mit monochronischen Erwartungen

- Wenn ein Termin sich hinzieht und jemand auf Sie wartet, *unterbrechen Sie höflich* und sagen Sie Ihrem Gegenüber, dass Sie das Gespräch gerne fortsetzen würden, jedoch einen anderen Termin haben. Fragen Sie, ob es möglich wäre, das Gespräch bei einem künftigen Treffen wieder aufzunehmen. **Unterbrechung**

- Sagen Sie gleich zu Anfang eines Treffens, wie viel *Zeit* Ihnen *zur Verfügung* steht. Sagen Sie: »Ich habe 10 Minuten, dann muss ich zum Flughafen. Kann ich Ihre Frage in dieser Zeit beantworten, oder soll ich Sie lieber vom Flugzeug aus anrufen?« oder »Wir haben eine Stunde für diese Personalsitzung und bei Ablauf dieser Zeit müssen wir eine Entscheidung getroffen haben. Ich schlage also vor, dass wir eine Tagesordnung mit unseren Anliegen in Bezug auf das Produkt aufstellen und uns ungefähre Zeitvorgaben machen, damit wir nicht unsere gesamte Zeit mit einem Punkt verbringen.« **Zeitrahmen**

- Passen Sie den Perfektionsprozentsatz an, der für die Aufgabe benötigt wird. Wenn ein fester, monochronischer Termin kurz bevorsteht, sollten Sie mit Ihren polychronischen Kollegen *zusammenarbeiten,* um neu zu definieren, wie »ausgefeilt« eine neue Idee sein muss, um sie der Gruppe vorzulegen. **Weniger Perfektion**

- Mischen Sie Ihre Karten neu, wenn Sie mehr Zeit für den Abschluss eines Projektes brauchen. Schnell andere Punkte auf Ihrer Liste bewerten, die gestrichen, abgegeben, verzögert oder mit einem geringeren Perfektionsgrad erledigt werden könnten, um die benötigte Extrazeit herauszuholen. **Neue Prioritäten**

3.8 Verarbeiten Sie Informationen und Vorgänge divergent oder konvergent?

- *Rechtshirnig* dominierte Menschen scheinen eher *divergente* Informationsverarbeiter zu sein. Sie beziehen ihre Energie daraus, dass sie an verschiedenen Projekten gleichzeitig arbeiten, denken in alle Richtungen nach. Sie produzieren und sammeln Unmengen an Material und kreieren viele neue Ideen.

- *Linkshirnig* dominierte Menschen scheinen eher *konvergente* Verarbeiter zu sein. Sie beziehen ihre Energie daher, dass sie sich auf angebotene Optionen beschränken, konzentriert bleiben und ziemlich genau auf den Punkt kommen. Sie arbeiten lieber in einer aufgeräumten Umgebung, erledigen gerne alles bis ins Detail, verzichten auf Überflüssiges und halten sich an die Tagesordnung.

Es ist interessant und wichtig festzuhalten, was eine divergente Person antreibt und motiviert oder eine konvergente Person frustiert und langweilt – und umgekehrt. Jeder von beiden braucht, was der jeweils andere am besten kann. Unsere Stärken und Dominanzen sind uns bis zu einem gewissen Grad sehr nützlich, doch wenn wir diese bis zur Ablehnung des gegenteiligen Stils übertreiben, werden unsere Stärken zu Schwächen.

Ich, Ann McGee-Cooper, bin zum Beispiel als divergenter Mensch hoch kreativ. Ich habe Spaß daran, nach neuen Möglichkeiten zu suchen, wie Dinge erledigt werden können. Ich stehe mit beiden Beinen auf dem Boden der Realität und liebe die Herausforderung des Unmöglichen. Wenn ich meine Stärken übertreibe, bin ich so beschäftigt, neue Projekte anzuleiern, dass »ich einfach keine Zeit habe«, auf Details zu achten und falle dann auf die Nase, wenn ich versuche, mich durch den ganzen Schlamassel durchzuarbeiten.

Jetzt begrenze ich meine Fehler, indem ich mir mehr Wahlmöglichkeiten verschaffe, statt mich selbst zu bremsen, indem ich mich bemühe, organisiert zu arbeiten, zu planen, Termine festzusetzen und meinen Plan einzuhalten. Wenn ich mir jedoch nicht die Zeit nehme, mir auch einige konvergente Fertigkeiten anzueignen, kann ich leicht in den zahlreichen divergenten Auswahlmöglichkeiten untergehen.

Der konvergente Denker	Der divergente Denker
• macht eins aus vielem,	• macht viel aus einem,
• kontrahiert,	• expandiert,
• kreist ein,	• tastet das Gesamtbild ab,
• arbeitet schrittweise,	• hüpft herum,
• beschränkt sich,	• dehnt sich aus,
• ist geduldig, plant für später,	• macht es jetzt!
• ist logisch,	• ist intuitiv,
• liebt Sicherheit,	• liebt Freiräume,
• zieht »harte« Daten und Fakten vor,	• tut sich leicht mit Ambiguität, Vermutungen und Ahnungen,
• sucht eine einzige korrekte Antwort,	• sucht möglichst viele Antworten,
• gilt als engstirnig.	• gilt als zerfahren und schusselig.

VERGLEICH VON KONVERGENTEN UND DIVERGENTEN DENKERN

3.9 Einstellungen und Verhaltensmuster im Zeitmanagement

Wenn Sie ein klassischer, rechtshirniger, divergenter Mensch sind, werden Sie immer wieder versucht haben, die Regeln des traditionellen Zeitmanagements zu befolgen, jedoch ohne großen Erfolg. Es liegt nicht daran, dass Sie die Regeln nicht verstanden hätten, Sie konnten sich nur nicht vorstellen, dass Sie diese konsequent für sich selbst anwenden würden. *Genau, das ist es!* Ging Ihnen da gerade ein Licht auf?

Selbstdisziplin und Konsequenz

Traditionelle Zeitmanagementregeln sind typischerweise konvergente Abläufe, gemacht von konvergenten Menschen für andere konvergente Menschen. Bei linkshirnigen, konvergenten Menschen funktionieren sie großartig. Das Problem ist, dass Sie den klassisch divergenten Menschen sabotieren, der sich nicht

Zeitmanagement und Verhaltenstil

darüber klar ist, dass die Regeln zwar recht gut klingen, jedoch nicht zu seinem individuellen Verhaltensstil passen. Wenn ein divergenter Mensch seine Prinzipien aufschriebe, wie man organisiert arbeitet, würden diese Regeln den linkshirnigen, konvergenten Menschen genauso frustrieren wie den divergenten die traditionellen Regeln abschrecken.

Flexible Regeln Das Geheimnis liegt darin, dass die Regeln, die wir gelernt haben, auf einige passen und auf andere nicht; aber das macht weder die Regeln noch die Menschen gut oder schlecht. Es ist nur einiges an Forschung, Veränderung und Kooperation notwendig, um *flexible Regeln* aufzustellen, die bei allen funktionieren. Lassen Sie uns die Unterschiede untersuchen und das Durcheinander abstellen.

Regel 1: Machen Sie eine »To-do-Liste« von allem, an das Sie denken müssen

Konvergente Personen Für eine *konvergente* Person ist das schnell und einfach erledigt. Automatisch achtet sie nur auf die wichtigen und dringenden Angelegenheiten. Sie begrenzt ihre Liste bereits, bevor sie anfängt, sie aufzuschreiben.

Divergente Personen Als *divergente* Person jedoch fangen wir erst mal an, in alle Richtungen abzuschweifen, bevor wir einen Stift in die Hand nehmen. Wir denken an Aufgaben zu Hause, im Garten, an den Urlaub in drei Monaten, Gemeindefeste, Arbeit, die wir versprochen haben zu erledigen, und an neue Ideen, die uns gerade ein-

gefallen sind. Wir haben Spaß daran, wenn uns neue Ideen einfallen. Eine alte Idee zu verfolgen ist langweilig und ermüdend.

Wenn wir eine Aktivitäten-Liste machen, ist das nicht einfach ein Protokollieren derzeitiger Verpflichtungen, sondern ein regelrechter Brainstorming-Prozess, bei dem wir jede Menge neuer Möglichkeiten im Zusammenhang mit unseren derzeitigen Verpflichtungen entwickeln. Normalerweise tun wir das, wann es uns gerade passt oder während wir noch sechs andere Dinge tun. Und so schreiben wir es mal hier, mal dort oder sonstwo auf. Aber dieser Schritt macht Spaß, und wir können uns dabei richtig zufrieden fühlen. **Aktivitäten-Listen**

Regel 2: Setzen Sie Prioritäten, aber anders

Nun wird es für einen divergenten Menschen wirklich schwierig. Für einen *konvergenten* Menschen ist Prioritäten setzen einfach. In seinem Kopf fällt alles in ein »Schwarz/weiß«-Raster. Eine **Konvergente Typen**

Aufgabe hat entweder die Priorität »A« (wichtig und dringend), »B« (wichtig, aber nicht dringend) oder »C« (dringend, aber nicht wichtig).

Wenn Sie ein *divergenter* Denker sind, ist Ihre Prioritätenliste normalerweise dreimal so lang wie die eines konvergenten Menschen, da Sie sich nicht auf »Muss«-Aufgaben beschränken, sondern stattdessen Ihr Augenmerk auf »Kann«-Aufgaben richten. Sie lassen sich alles Mögliche durch den Kopf gehen, was Sie einmal zugesagt haben oder gerne tun möchten. Ihre umfangreiche Liste würde sechs Leute tagelang beschäftigen – wie um alles in der Welt können Sie es dann in A, B oder C aufteilen?

Das ist der Punkt, an dem der große Zusammenbruch für divergente Denker kommt.

Ich weiß das, denn ich selbst (Ann McGee-Cooper) habe traditionelles Zeitmanagement zwölf Jahre in der Hoffnung gelehrt, dass ich es auch endlich einmal selber lerne anzuwenden. Ich habe mir entsprechende Filme immer wieder angesehen, einschlägige Bücher gelesen und Planungssysteme eingerichtet – nur um in mein altes Verhaltensmuster zurückzufallen, dazu jedesmal mit größeren Schuldgefühlen und Frustrationen. Dann fiel mir auf, dass viele meiner erfolgreichsten Klienten ebenfalls noch viele jener »schlechten Angewohnheiten« an den Tag legten, mit denen ich immer noch zu kämpfen hatte, nur waren sie auch in ihrer Karriere äußerst erfolgreich. Vielleicht muss man nicht alle traditionellen Regeln befolgen, um ein erfolgreiches, anerkanntes und nützliches Mitglied unserer Gesellschaft zu sein?!

Von diesem Zeitpunkt an begann ich, einen umgekehrten Weg der Zeitplanung und des kreativen Umgangs mit Zeit zu entdecken:

Wenn ich anfangen würde, meine lange Liste in Prioritäten zu unterteilen, bliebe ich im Nachdenken über hundert verschiedene Schattierungen stecken. Ist das eine A-, A-B-, oder B+++A-Aufgabe? Je nachdem, wie ich über jeden Punkt denke, könnte er sich von einer A- zu einer B- oder sogar zu einer C-Aufgabe verändern. Und wenn ich noch ein paar Stunden warte, könnten sich alle Prioritäten verschieben, weil ein Anruf eine völlig neue Herausforderung gebracht hat oder sich jemand krank gemeldet hat. Durch mein divergentes Denken finde ich Prioritäten setzen äußerst verwirrend und könnte einfach nie erfolgreich dahinter stehen.

Die Regel »Fang nicht mit C-Aufgaben an, fang mit A-Aufgaben an« funktioniert bei mir ebenfalls nicht. Ich verstehe zwar die Logik, dass ich meine beste Energie und Zeit auf meine größten und wichtigsten Möglichkeiten richten sollte. Manchmal aber ist meine Energie im Keller und ich kann nur an C-Aufgaben arbeiten, während sich mein Gehirn erholt. Zu anderen Zeiten arbeite ich an einer C-Aufgabe oder sogar D- (belanglos) bzw. P-Aufgabe (Papierkorb) und habe eine tolle Idee für eine brandneue A+–Aufgabe. Wenn das, was ich gerade beschrieben habe, für Sie dumm und wie ein schlechter Ratschlag klingt, dann besteht die Aussicht, dass Sie ein ausgeprägter *konvergenter* Denker sind und meine Methoden bei Ihnen nicht funktionieren. Aber es kann für Sie sehr wichtig sein, ein besseres Verständnis für die Menschen um Sie herum zu gewinnen, die *divergent* sind und bei denen das, was ich beschrieben habe, bestens funtioniert.

Prioritäten und Energielevel

Wenn Sie jedoch auf konvergenten Strukturen bestehen, werden Sie diese Menschen unter Druck setzen und ihre Kooperation ebenso wie ihre besten Talente verlieren. Auch wenn Divergente Ihnen vertrauen und wirklich das ausprobieren, was Sie ihnen empfehlen, bedeutet es für sie einen Rückschritt. Je mühsamer sie probieren, es Ihnen recht zu machen, desto mehr werden sie den Glauben an ihre einmaligen Stärken verlieren, statt sich mit Ihren Fähigkeiten hervorragend zu ergänzen und die Balance in Ihrem Team eindeutig zu verbessern.

Kein Zeitdruck

Praxis-Tipp

Statt zu versuchen, Ihre »To-do-Aufgaben« in einer linearen Reihenfolge aufzulisten, schreiben Sie einfach Ihre wichtigsten Aufgaben auf farbige Post-it-Notes und kleben diese ganz oben auf eine Aktionstafel oder Pinnwand aus Kork o. Ä. über Ihrem Schreibtisch. Wenn sich Prioritäten ändern, können Sie die Merkzettel weiter nach unten kleben etc.

Farbige Post-it-Notes

Dieses flexible System ist wie ein Spiel und entspricht dem Bedürfnis, sich Optionen offenzuhalten. Auf diese Weise können Sie organisiert arbeiten und an einer Aufgabe dranbleiben, auch wenn Sie immer wieder *divergent* in verschiedene Richtungen auf einmal abschweifen werden.

Flexibilität

61

Regel 3: Tragen Sie auch Termine für Spaß und Lebensfreude in Ihren Kalender ein!

Zeitplaner im Alltag

Einen Kalender oder Organizer zu kaufen und dort alle Verpflichtungen einzutragen erscheint fast zu einfach, um extra genannt zu werden. Wie bereits erwähnt, funktioniert das bei einem *konvergenten* Arbeitsstil prima, nicht aber bei einem *divergenten* Schreibtischtäter.

Schöne Organizer

So bedeutet z. B. Einkaufengehen für die Divergenten unter uns normalerweise Spaß und Abwechslung. Wir entdecken gerne neue Möglichkeiten und fühlen uns von neuen Systemen oder Arbeitsmitteln geradezu angezogen. Bei Kalendern gibt es viele Alternativen: Planung für den Tag, die Woche oder den Monat. Es gibt Kalender im Westentaschen-Format, in DIN-A5-Größe, als Tisch- oder Wandkalender. Einige haben helle Farben, Witze und Bilder und andere sind sehr professionell in düsteren Ledereinbänden. Nachdem wir alle Möglichkeiten angeschaut haben, können wir uns entweder für keine entscheiden oder wir würden alle kaufen, ganz einfach um sie auszuprobieren und festzustellen, mit welchem wir am besten arbeiten können.

Zeitplanung einmal anders

Jetzt haben wir ein großes Problem, denn detaillierte Benutzeranleitungen und konvergenter Papierkram sind unsere größte

Schwachstelle. So nehmen wir an einem Tag das Westentaschen-Format mit und tragen dort auch einen Termin ein, lassen es aber am nächsten Tag zu Hause und schreiben in unser Notizbuch einen anderen Termin. Im Büro erhalten wir einen Anruf und schauen auf den Wandkalender. Da wir im Nach- oder Aufarbeiten überhaupt nicht gut sind, stehen die Chancen relativ gut, dass wir die zugesagten Termine nicht von einem Kalender oder Zettel auf alle anderen übertragen haben, und so sind wir doppelt verplant. Frustriert und verlegen stellen wir fest: »Organizer oder Zeitplanbücher sind nichts für mich!«

Das Erfolgsgeheimnis, das wir bei der Beobachtung und Arbeit mit Tausenden *divergenter* Menschen herausgefunden haben, lautet:

Zeitplanung für Divergente

Einfach halten!
Viel visualisieren!
Flexibel bleiben!
Spaß daran haben!

Lassen Sie mich ein persönliches Beispiel geben. Ich suchte mir einen Organizer aus, der meine Sinne unmittelbar ansprach. Der Einband mag hellrot und aus weichem Rindsleder gewesen sein, mit meinen Initialen auf einem kleinen goldenen Schild. Innendrin hatte ich einen kleinen Block Post-it-Notes, drei farbige Textmarker und einige bunte Klebepunkte. Wenn ich unterwegs einen Termin vereinbaren soll, rufe ich entweder in meinem Büro an, um sicherzustellen, dass dieser Termin noch frei ist. Oder ich schreibe den Termin vorläufig auf eine Post-it-Notiz mit einem roten Klebepunkt daneben in meinen Kalender. Das zeigt mir an, dass ich diesen Termin mit meinem Team noch absprechen und den Klienten zurückrufen muss, um den Termin endgültig zu bestätigen.

Textmarker helfen mir, mit meiner Zeit realistischer umzugehen:

Textmarker

- Mit *Gelb* kreise ich auswärtige Termine ein, um zu verdeutlichen, dass auch die Reisezeit berücksichtigt werden muss. So kann ich ganz leicht darauf achten, nicht zu viel Gelb in eine Woche oder in einen Monat einzuplanen; sonst habe ich nicht genügend Zeit für Seminarvorbereitungen oder für die Familie zu Hause.

Gelb

Rot	• Verpflichtungen, die viel Vorbereitung benötigen, streiche ich *rot* an. Das sagt mir, dass ich noch einmal genauso viel Zeit vor dem eigentlichen Ereignis brauche, um entsprechend zu planen, Testläufe zu fahren und vorzubereiten.
Orange	• Verpflichtungen wie z. B. Meetings markiere ich mit *Orange*. Das signalisiert, dass ich einfach nur pünktlich da sein muss, weil es eine feste Verabredung ist.
Grün	• Alles Lustige streiche ich *grün* an, um eine *Vergnügungs-Pause* anzuzeigen.
Lebensfreude	Wenn ich zu viele Termine und keine Zeit für Spaß und Lebensfreude habe, dann habe ich auch weniger Energie und bin weniger kreativ und flexibel.
Zeit für sich selbst	Der Schlüssel zu einem wirklich erfolgreichen Zeitmanagement liegt darin, Zeit für sich selbst und die eigene Lebensfreude mit der gleichen Anteilnahme, Fantasie und Selbstverpflichtung einzuplanen, wie Sie sie Ihrer Arbeit angedeihen lassen.
Motivation	Wenn mir das Leben jeden Tag, jede Woche und jeden Monat eine Menge Freude *und* Geschäftserfolg verspricht, wache ich mit Kraft, Enthusiasmus und unglaublicher Energie auf.
	Wenn ich auf der anderen Seite jedoch nur Arbeit, Arbeit und noch mehr Arbeit einplane, bin ich eher geneigt, nicht aufwachen zu wollen, bummle mit dem Anziehen, verspüre schon Beklemmungen vor meiner Arbeit, schiebe sie vor mir her und träume in Meetings vor mich hin.

Praxis-Tipp

	Bringen Sie *konvergent* und *divergent* ins Gleichgewicht!
Konvergenz und Divergenz in Balance	Finden Sie einen Kollegen, dem Sie vertrauen und der einen gegenteiligen und ausgleichenden Stil hat. Seien Sie neugierig auf die Unterschiede, jedoch bewerten Sie nicht, wie Sie beide arbeiten und Dinge erledigen. Investieren Sie jeden Tag 15 bis 20 Minuten für die Erledigung von Dingen, für die Sie normalerweise keine Zeit haben.

Vergleichen Sie Ihre Ergebnisse und stoßen Sie darauf an, auch wenn Sie konvergent und divergent noch nicht perfekt ausbalancieren können.

Als ich diese Übung ausprobierte, habe ich Erstaunliches entdeckt: Dinge, für die ich typischerweise »nie Zeit habe«, wie Ablage, Papierkram und gründliche Nacharbeit, machten genau das Gegenteil dessen aus, für das mein Geschäftspartner, der ein dominanter Links-Hirner ist, ebenfalls nie Zeit hat. Er kämpft damit, Zeit zu finden, um Anrufe zu beantworten, sich neue Produkt- oder Seminarideen einfallen zu lassen und neue Geschäftsverbindungen anzubahnen.

Neugierig geworden, was jedem von uns Schwierigkeiten machte, wurde uns klar, dass wir beide felsenfest glaubten, keine Zeit zur Erledigung von Dingen zu haben, die nicht zu unserem Denk- und Arbeitsstil passten. Seitdem blieben wir zwar dabei, uns hauptsächlich nur mit Aufgaben zu beschäftigen, die zu unserem Stil passen. Wenn jeder von uns jedoch einmal in den anderen Gang umschaltete und sich eine gewisse Zeit gezielt dem entgegengesetzten Stil mit entsprechenden Aktivitäten widmete, konnten wir unsere Produktivität und Arbeitsfreude mehr als verdoppeln.

Regel 4: Befolgen Sie Ihre Planung

Diese Regel ist für eine *konvergente* Person zweifelsohne die einfachste und befriedigendste, für eine *divergente* Person jedoch die schwierigste und deshalb geradezu zum Scheitern verurteilt. Zu einem divergenten Arbeitsstil gehören Spaß an Neuanfängen, frische Ideen und Richtungswechsel. Obwohl wir großartig darin sind, neue Abläufe, Regeln und Systeme für andere zu entwerfen, lang-

Divergenter Arbeitsstil

65

weilen uns Routinearbeiten, und wir schweifen eher in andere Richtungen ab, statt bis zum Schluss an einem Projekt dranzubleiben.

Paradigmen

Für das bessere Verständnis dieser beiden unterschiedlichen Zeitmanagement-Paradigmen sei hervorgehoben:

Konvergent

- Ein *konvergenter* Mensch fragt sich »Warum das Rad neu erfinden?« Für einen konvergenten Menschen ist das die absolute Zeitverschwendung.

Divergent

- Ein *divergenter* Mensch jedoch muss das Rad neu erfinden, um energiegeladen zu bleiben. Damit ist gemeint, dass ein divergenter Mensch seine Abläufe und Routinen immer wieder verändern muss, damit die Arbeit für ihn interessant bleibt.

Abwechslung

Das Geheimnis liegt also darin, das Ordnungssystem mit allem Drum und Dran permanent zu verändern. Wechseln Sie von einer Farbe zur anderen, von bunten Karteikarten zu quadratischen Notizblöcken.

> Was auch immer es kostet, Sie beim Ordnungschaffen tatkräftig bei Laune zu halten: Es ist den Preis wert.

Ungefähr einmal alle ein bis zwei Monate gehe ich in ein Bürobedarfsgeschäft und kaufe alles, was mir auffällt. Es kann funktional sein oder einfach nur zum Spielen. Zum Beispiel könnte ich einen Satz toller Schreibstifte kaufen und ein rotes Klemmbrett, das meine To-do-Liste aus Post-it-Notizen hält. Einige meiner Käufe werde ich nicht lange benutzen, oder ich experimentiere damit, nehme sie aber nicht mit ins Büro. Der große Gewinn, den ich daraus ziehe, liegt darin, dass ich das »verspielte Kleinkind« in meinem Inneren beschäftigen und für meine Notwendigkeit von Ordnung und Zeitplanung positiv einnehmen kann.

Erlebniskäufe

Bedenken sie, dass *konvergente* Menschen nur dann etwas kaufen, wenn sie es auch wirklich brauchen und bereits wissen, wie sie es benutzen. Im Gegensatz dazu kaufen *divergente* Menschen oft Dinge, von denen sie entweder wissen, dass sie diese vielleicht gar nicht brauchen können, oder von denen sie nicht wissen, was sie damit anfangen sollen; oder aber sie haben bereits ein entsprechendes System, das ihnen inzwischen langweilig wird.

Sie wissen einfach, dass es ihnen aufgefallen ist und sie es mögen. Es hat sich bewährt, wenn Sie sich selbst die Erlaubnis geben, einige dieser Käufe zu tätigen. Wenn Sie wollen, legen Sie ein Limit fest. Meine Grenze liegt bei 50 Euro im Monat. Was für ein Kauf! Ist es denn nicht 50 Euro wert, Ihren Spielbetrieb zu ermutigen, um Ihr berufliches Ego darin zu unterstützen, hoch motiviert, organisiert und zielstrebig zu sein? Bei der Beurteilung, wie sehr diese schönen »spielerischen« Einkäufe meine Energie, Konzentration und Produktivität beeinflusst haben, stimmen meine Familie, meine Geschäftskollegen und Klienten einmütig zu, dass es den doppelten Preis wert ist.

3.10 Das Gleichgewicht zwischen Schnelligkeit (*High Speed*) und Vergnügen (*High Joy*)

Ein weiteres wichtiges Gegensatz- oder Gleichgewichtspaar sind hohe Geschwindigkeit (High Speed) und großes Vergnügen (High Joy). Wenn eines davon zugunsten des anderen geopfert wird, bedeutet das langfristig einen erheblichen Verlust.

Wenn wir aufwachsen, werden wir ermutigt, unser Suchen nach Spaß und Spiel zugunsten von Arbeit, Studium und langfristigen Zielen aufzugeben. Die Erfindung von Montagebändern und REFA-Studien machte uns glauben, dass alle Verrichtungen, bei denen überflüssige Bewegungen ausgeschaltet werden, zu höchster Produktivität, Geschwindigkeit und Profitabilität führen. Inzwischen sind wir dabei zu entdecken, dass das menschliche Gehirn, wenn es nicht benutzt wird, tatsächlich schrumpft.

> Langeweile lässt das Hirn schrumpfen.

Wenn wir also die Verbindung zu unserem eigenen kreativen Potenzial verlieren und all unsere Anstrengungen darauf konzentrieren, härter und schneller zu arbeiten, fallen wir in eine Opferrolle und verlieren unsere einzigartigen Möglichkeiten als kreative Individuen.

Arbeit und Freude im Gleichgewicht Das persönliche Erfolgsgeheimnis liegt darin, in unserem Leben immer wieder nach Wegen zu suchen, um Arbeit und Vergnügen im Gleichgewicht zu halten, sich aber ebenso zu bemühen, das zunehmende Erfordernis von Schnelligkeit mit einem ebensolchen Tatendrang nach Spaß, Zufriedenheit, Muße und Freude auszugleichen. Die Erneuerung, die aus diesen Werten fließt, gibt uns wieder neue Energie für unsere Aufgaben. Freude und Erholung können ihre eigentliche Bedeutung verlieren, wenn sie nicht ihren Teil zum Erfolg und zur Erfüllung beitragen.

Lebenszufriedenheit In Studien über Langlebigkeit und Gesundheit wurde immer wieder festgestellt, dass diejenigen, die das längste, glücklichste, lohnenswerteste Leben zu genießen schienen, Meister darin geworden waren, ihre Arbeit, aber auch Spiel und Spaß, Hilfe gegenüber anderen und ihre persönliche Weiterentwicklung in ihren Alltag zu integrieren und im Gleichgewicht zu halten.

Zusammenfassung

Lebensqualität Berücksichtigen Sie, wenn Sie in den nächsten Kapiteln Ihr *Lebensdrehbuch* schreiben, auch Ihre persönliche Sichtweise von Qualität und Quantität.

> *Wenn wir langsamer gehen,* uns selbst besser managen und Agentur unserer eigenen Lebensqualitäts-Versicherung werden, können wir unsere Produktivität und Arbeitszufriedenheit gewinnbringend steigern.

Kapitel 4
Vom Zeitmanagement zum Lebensmanagement

»Man kann dem Leben nicht mehr Tage geben,
aber den Tagen mehr Leben.«
Amerikanische Managerweisheit

Zeitmanagement bedeutet eigentlich einen Widerspruch in sich. Wir können »Zeit« gar nicht »managen«, sondern nur uns selbst. Zeitmanagement bedeutet Selbstmanagement. Denn die Zeit als konstante Größe verrinnt kontinuierlich, unerbittlich, unbeeinflussbar. Halten Sie einmal kurz für ein paar Sekunden inne:

Was ist gerade passiert? Ihre Lebensuhr ist wieder um ein paar Einheiten abgelaufen – unwiederbringlich! Schlimm? Wie auch immer Sie darüber denken, was Sie gerade dabei fühlen – Sie können es *nicht* beeinflussen. Wir können nur den Umgang mit der Zeit nach unseren Vorstellungen proaktiv gestalten – oder es zumindest versuchen.

69

**Ihre restliche
Lebenszeit**

Stellen Sie sich einen *Zollstock* aus Ihrem Werkzeugkasten oder Baumarkt vor, der jedoch keine zwei Meter, sondern nur 82 Zentimeter misst.

Noch besser: Nehmen Sie einen echten Zollstock und brechen Sie hinter dem vierten Glied (nach 82 Zentimetern) die restlichen Teile einfach ab! Legen Sie nun Ihren Daumen auf die Zahl, die Ihrem jetzigen Lebensalter entspricht.

Betrachten Sie die Zahlen *links* von Ihrem Daumen. Sie entsprechen der Vergangenheit, die hinter Ihnen liegt: ob freud- oder leidvoll – vielleicht beides – spielt jetzt keine Rolle mehr, denn Sie können diese Zeit *nicht* mehr zurückdrehen und ändern!

Viel wichtiger ist die Lebenslinie *rechts* von der Zahl, bei der Sie gerade sind:

- Wie groß ist die Entfernung bis zu Ihrem statistischen »Verfallsdatum«?
- Wie viel Zeit-Kapital haben Sie ungefähr noch zu Ihrer Verfügung?
- Was können und wollen Sie in Ihrer restlichen Lebenszeit erreichen?

Sie haben es – im wahrsten Sinne des Wortes – in *Ihrer* Hand!

Leben ist Zeit

Die deutsche Weinwirtschaft propagierte einmal in einer Anzeigenkampagne den Slogan: *Das Leben ist viel zu kurz, um schlechten Wein zu trinken.* Machen auch Sie sich bewusst:

> Heute beginnt der erste Tag vom Rest Ihres Lebens, den Sie mit einem neuen Zeitbewusstsein beginnen können!

Sinnfrage

Aus vielen unserer Seminare wissen wir, dass Sinnfragen im Zeit- und Lebensmanagement viele Menschen immer mehr bewegen und ansprechen. Zeitmanagement umfasst weitaus mehr, als Posteingänge nach Prioritäten zu sortieren.

Life Leadership

> Zeitmanagement ist Selbstmanagement und aktive Lebensgestaltung oder Life Leadership.

Als kritische Rückmeldung kommt von Seminarteilnehmern immer wieder die Frage: »Warum habe ich das nicht schon vor zehn Jahren kennen gelernt?« Eine alte chinesische Lebensweisheit besagt: *Es ist müßig, über vergossene Milch zu klagen.*

Einstellung und Verhalten

Inwieweit wir einen eher selbst- oder fremdbestimmten Umgang mit der Zeit pflegen, hängt vor allem von unserer Einstellung oder unserem Verhalten, aber auch von den äußeren Rahmenbedingungen ab. Sicherlich können wir unser Umfeld nicht immer so beeinflussen, wie wir das gerne möchten, aber die Wahrscheinlichkeit, es doch zu tun, beträgt immer mehr als null Prozent.

Zeitsouveränität

Zeitsouveränität bedeutet, innerhalb der gegebenen Rahmenbedingungen, die Sie jedoch auch verändern können, Ihre Zeit und damit Ihr Leben nach Ihren eigenen Vorstellungen und Wünschen zu gestalten.

Paradigmenwechsel

In den USA, aber auch im deutschsprachigen Raum schon in Ansätzen erkennbar, vollzieht sich bereits ein entsprechender Paradigmenwechsel von *Time Management* zu *Life Leadership* (vgl. hierzu insbesondere die Werke von Stephen Covey).

Zeit und Leben in Balance

Zeitmanagement in einer beschleunigten Welt bedeutet, Rhythmus statt Tempo zu leben und sich auf das zu konzentrieren, was wirklich wichtig ist, sowohl beruflich als auch privat: *Balancing your professional and personal life.*

Paradigmenwechsel von »Time is Money« zu »Time is Life«

Zeit ist Geld – Zeit ist Leben

Auf Benjamin Franklin geht der bekannte Leitsatz über *Zeit* zurück: »Time is Money« – auf deutsch »Zeit ist Geld«. Dieser materialistischen, quantitativen Einstellung zur »Zeit« wollen wir eine andere, qualitative Sichtweise entgegensetzen: *Time is*

Life, denn Zeit ist für uns wesentlich wertvoller als Geld, weil unwiederbringlich, »Zeit ist Leben«!

Geld, das Sie verloren haben, können Sie immer wieder zurückbekommen – Zeit hingegen nie. Wenn Ihnen jemand 200 Euro rauben will, werden Sie es zu verhindern wissen, sofern Sie können. Wenn Ihnen hingegen jemand zwei Stunden Zeit stehlen will, lassen es die meisten geschehen und bedanken sich gegebenenfalls noch dafür. »Die einzigen Diebe, die in unserer Gesellschaft nicht bestraft werden, sind die Zeitdiebe«, wusste schon Napoleon.

Kernproblem: Dringlichkeit

Das wahre Kernproblem des Zeitmanagements liegt darin, dass wir in der *Dringlichkeit* des Arbeitsalltags vornehmlich in operative Hektik zu verfallen drohen und so unsere Lebensprioritäten leicht aus dem Auge verlieren. Jeder um uns herum will alles sofort, am liebsten schon vorgestern. Um die wirklich wichtigen Dinge wollen wir uns dann kümmern, wenn wir endlich einmal »Zeit haben« – und diese persönliche *Aus*zeit haben wir im Grunde genommen: *Nie!*

Operatives Zeitmanagement: Effizienz

Operatives Zeitmanagement kuriert an den Symptomen herum, löst aber keineswegs die wahren Ursachen des Zeitproblems! Terminkalender, Organizer, Zeitplanbücher sowie elektronische Einzelplatzlösungen bis hin zum »Group Networking« helfen Ihnen zunächst, Ihren beschleunigten Arbeitsalltag besser in den Griff zu bekommen. Mit einschlägig bewährten Formularen für Tagespläne, To-do-Listen und Projektübersichten bekommen Sie

Ihre Arbeitszeit zweifelsohne besser in den Griff. Sie planen regelmäßig Ihren Tag, setzen eindeutige Prioritäten und gehen konsequenter mit Störfaktoren und Zeitdieben um. Ein so praktiziertes Zeitmanagement ist geeignet, Ihre *Effizienz* nachhaltig zu verbessern, nämlich das, was Sie tun, *richtig* zu tun. Wenn Sie sich jedoch auf die falschen Aktivitäten konzentrieren, sind Sie weiterhin im Zeitstress, jedoch wesentlich professioneller organisiert – oder anders ausgedrückt: »Still confused, but on a higher level.«

Effizienz: Dinge richtig tun

Von bestimmten Mitarbeitertypen in Außendienst-Organisationen hören wir z. B. immer wieder folgende Klagen über ihren Umgang mit der Zeit: Sie haben in einer Woche mehr als 70 Stunden gearbeitet, über 2000 Kilometer auf bundesdeutschen Autobahnen zurückgelegt und 37 Kunden besucht – eine tolle Leistung?

Offen bleibt, was in dieser Zeit tatsächlich erreicht wurde – und das ist keine Frage der Effizienz, sondern der Effektivität. Schon der amerikanische Managementguru Peter F. Drucker sprach sich in den sechziger Jahren in *Die ideale Führungskraft (The Effective Executive)* gegen ein »Let's do a little bit of everything« aus und forderte, sich vornehmlich auf die entscheidenden Prioritäten zu konzentrieren (»First Things First«). *Effektivität* bedeutet daher, die *richtigen* Dinge zu tun.

Effektivität: die richtigen Dinge tun

Stellen Sie sich vor, ein Bündel mit Geldscheinen flattert vor Ihnen zu Boden: ein Fünfhundert-Euro-Schein und viele Fünf-Euro-Scheine. Worauf würden Sie sich zuerst stürzen, wenn auch andere Passanten sofort zugreifen dürften? – Auf den großen Schein natürlich? Das wäre »effektiv«, und das täte jeder andere genauso!

Aber was haben Sie letzte Woche in Ihrem Job jeden Tag getan? Haben Sie sich auch auf die »großen Dinge«, die »Big Points« oder Scheine konzentriert wie z. B. Maßnahmen zur Kundenbindung, oder haben Sie sich in vielen kleinen Nebensächlichkeiten verzettelt?

Effektivität versus Effizienz
- *Effizienz* heißt, die Dinge *richtig* tun.
- *Effektivität* heißt, die *richtigen* Dinge tun.

Wer glaubt, mit dem Erwerb eines Zeitplanbuches oder dem Besuch eines Zeitmanagement-Seminars hinterher wirklich mehr Zeit als vorher zu haben, unterliegt einem Trugschluss. Denn die Zeit selbst können Sie *nicht* managen. Sie arbeiten dann sicherlich *effizienter,* aber nicht unbedingt *effektiver.* Entscheidend ist, für welche Aktivitäten Sie Ihr restliches Lebenszeitkapital einsetzen und ob Sie Ihrem Tun einen höheren Sinn geben wollen. *Zeit*management wird so zum *Lebens*management.

In diesem Zusammenhang lassen sich zwischen der untersten Planungsstufe eines einfachen Terminkalenders und der obersten Stufe eines *ganzheitlichen Zeit-, Ziel- und Selbstmanagements,* das an den beruflichen und persönlichen Lebenszielen ausgerichtet ist, verschiedene *Entwicklungsstufen* unterscheiden.

Die Treppe auf der nächsten Seite zeigt in der unteren Hälfte von *Stufe 0 bis Stufe 3* den Status, auf dem sich die meisten befinden: Termine, häufig auch To do's werden kontinuierlich aufgeschrieben und mehr oder weniger konsequent abgearbeitet; die Profis besitzen und benutzen ein Zeitplanbuch *(Stufe 4).* Die Wenigsten jedoch formulieren schriftliche Jahresziele *(Stufe 5)* oder können sogar ihre Lebensvision beschreiben *(Stufe 6).* Und kaum jemand hat seine Zeit und damit sein Leben so im Griff, dass seine kurzfristigen Tagesaktivitäten mit seinem langfristigen Lebensziel in Einklang sind *(Stufe 7)*. Wie auch Sie dahin kommen, erfahren Sie in den weiteren Kapiteln dieses Buches.

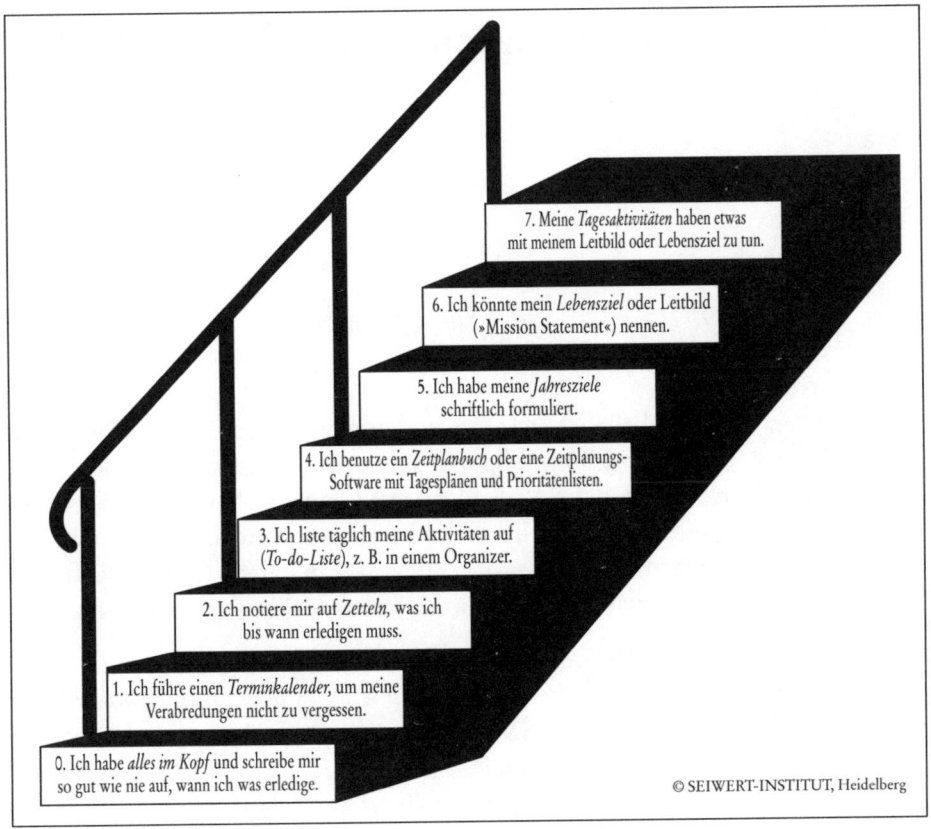

ENTWICKLUNGSSTUFEN VOM TERMINKALENDER ZU EINEM GANZHEITLICHEN ZEIT-, ZIEL- UND SELBSTMANAGEMENT

Kapitel 5
Ganzheitliches Zeit- und Lebensmanagement: Zeit-Balance-Modell

»Ob etwas Gift oder Heilmittel ist, bestimmt allein die Dosis.«
Hippokrates

Lebenslüge: keine Zeit

»Dafür habe ich im Moment leider keine Zeit!« – Wie oft haben wir diese Entschuldigung oder Lebenslüge schon gehört oder selbst gebraucht? Viele Menschen können sich nicht des Eindrucks erwehren, dass bei ihnen das Verhältnis zwischen Berufs- und Privatleben außer *Balance* geraten ist. Ein guter Freund erzählte mir von einem Vorfall, der ihn recht nachdenklich gestimmt hatte:

Vor kurzem rief mich ein alter Schulfreund an. Ich hatte schon lange nichts mehr von ihm gehört. Nun liegt er im Krankenhaus. Mit 43 hat er jetzt seinen ersten Herzinfarkt hinter sich. Fast hätte sich seine Frau von ihm getrennt. Nie hatte er Zeit für sie oder die Kinder. Immer ging der Beruf vor. Jetzt denkt er endlich einmal ernsthaft darüber nach, wie er in Zukunft sein Leben sinnvoller gestalten könnte.

Ungleichgewicht

Die einseitige *chronische* Überbetonung eines Lebensbereichs führt zwangsläufig zu Problemen in anderen, ebenso wichtigen Bereichen.

Zeit in Balance

Ganzheitliches Zeit- und Lebensmanagement verfolgt das Ziel, für alle wichtigen Lebensbereiche – Beruf, Familie, Gesundheit und die Frage nach dem Sinn – nicht nur Zeit zu schaffen, sondern diese vier Bereiche auch in *Balance* zu bringen und zu halten.

Wichtige Anregungen für diesen Ansatz gehen auf *Nossrat Peseschkian* zurück, der in seinen transkulturellen Untersuchungen immer wieder vier Einflussfaktoren auf die *Balance zwischen Berufs- und Privatleben* herausgearbeitet hat:

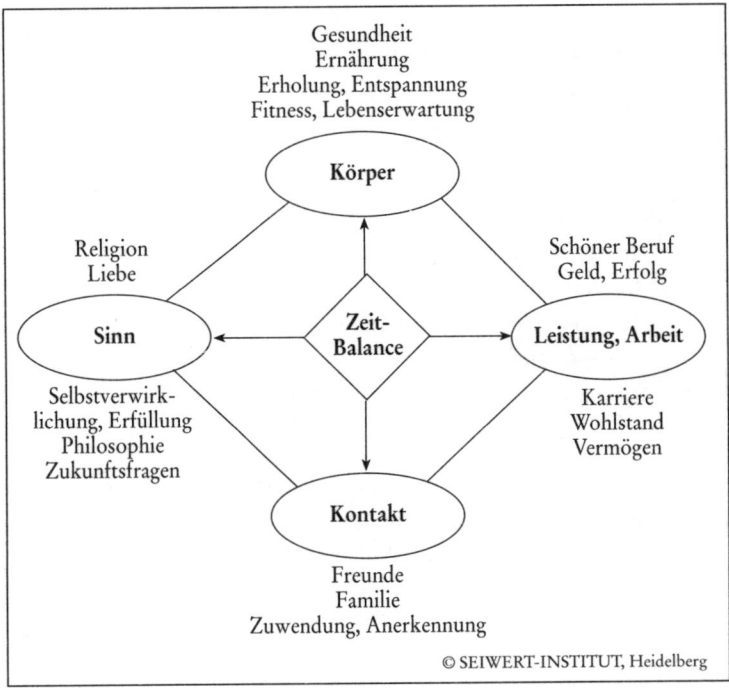

Gesundheit
Ernährung
Erholung, Entspannung
Fitness, Lebenserwartung

Körper

Religion
Liebe

Sinn

Zeit-Balance

Leistung, Arbeit

Schöner Beruf
Geld, Erfolg

Selbstverwirk-
lichung, Erfüllung
Philosophie
Zukunftsfragen

Karriere
Wohlstand
Vermögen

Kontakt

Freunde
Familie
Zuwendung, Anerkennung

© SEIWERT-INSTITUT, Heidelberg

DAS ZEIT-BALANCE-MODELL (NACH SEIWERT/PESESCHKIAN)

Die einzelnen Lebensbereiche stehen in gegenseitiger *Abhängigkeit* zueinander. Durch eine einseitige Überbeanspruchung im Beruf etwa werden die persönliche Wellness und Gesundheit ebenso wie private Kontakte oder Beziehungen vernachlässigt; ohne Stütze durch klare Wertvorstellungen und Sinnorientierung werden auf Dauer auch die persönliche Motivation und Fähigkeit zur Leistung rapide absinken.

Eine zu intensive zeitliche Betonung des Leistungsbereiches wird in der Regel zwangsläufig zur Vernachlässigung der anderen Bereiche führen. Diese Defizite beeinflussen wiederum die Leistung negativ und damit wird letztlich »mehr eher weniger«.

Nehmen wir einmal an, die Summe aller vier Lebensbereiche betrage 100 Prozent. Versetzen Sie sich jetzt gedanklich in Ihre *derzeitige* Lebenssituation, d. h., betrachten Sie nicht die Wunsch-, sondern die tatsächliche Ist-Situation:

- Wie viel Prozent Ihrer aktiven Zeit (= »Wachzeit«, d. h. etwa ein Drittel »Schlafzeit« bleibt unberücksichtigt), Ihrer Energie und Priorität widmen Sie dem Bereich *Arbeit und Leistung?*
- Wie viel Prozent investieren Sie in den Bereich *Körper und Gesundheit?*
- Wie viel Prozent widmen Sie dem Bereich *Kontakte und private Beziehungen?*
- Zu wie viel Prozent beschäftigen Sie sich mit dem Bereich *Sinn- und Zukunftsfragen?*

Teilen Sie die 100 Prozent möglichst spontan und schnell auf die vier Lebensbereiche auf. Je länger Sie tüfteln und überlegen, desto unwirklicher wird das Ergebnis!

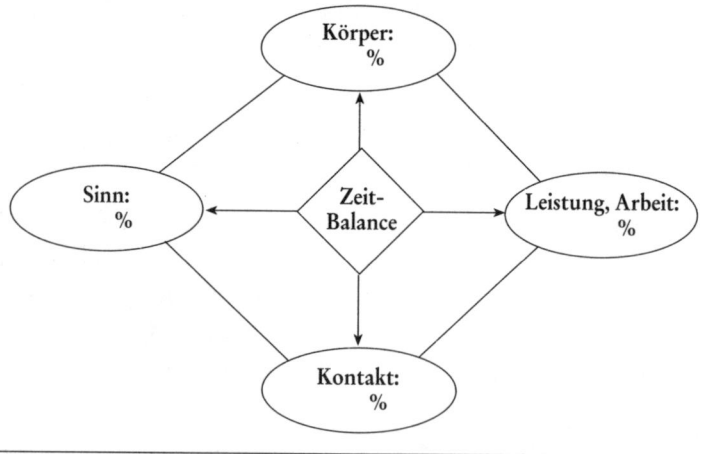

Wie sieht Ihre derzeitige *Lebens-Balance* aus? Bei Leistung/Beruf finden sich häufig Werte um die 50, 60 oder 70 Prozent, manchmal auch mehr; bei Sinn werden meistens fünf, zehn oder 15 Prozent genannt – wenn überhaupt. Unser Kulturkreis erweist

Lebens-Balance: Dominanz der Leistung

SINN FAMILIE KÖRPER ARBEIT

sich weniger als Sinn- denn als *Leistungsgesellschaft*. Sicherlich befinden sich die meisten von uns in der Lebensphase einer Erwerbstätigkeit und haben daher einen entsprechend hohen Wert im Leistungsbereich. Diese rein *quantitative* Ungleichheit erweist sich zunächst als ganz natürlich und normal. Das Balance-Problem lässt sich jedoch nicht einfach rechnerisch lösen, etwa nach der Formel »100 geteilt durch Anzahl der Lebensbereiche« ergibt vier gleiche Teile zu genau 25 Prozent.

Die persönliche *Wohlfühl-Balance* im Hinblick auf die vier Lebensbereiche wird recht unterschiedlich wahrgenommen, und zwar in der subjektiven Zeit*qualität*. Eine Stunde abendlicher Konzertbesuch mit Hochgenuss, die wie im Fluge vergeht, wird gewöhnlich anders und intensiver erlebt, als am Wochenende zehn Stunden lang die Unterlagen für die »heiß geliebte« Einkommensteuererklärung auszufüllen. *Wohlfühl-Balance und Zeit*

Ist ein Ungleichgewicht in ein oder zwei Lebensbereichen eingetreten, so wirkt sich dies auch auf die anderen aus: *Ungleichgewicht*

- Ein Zuviel z. B. im Bereich *Leistung/Beruf* führt zu kleineren oder größeren psychosomatischen Störungen im gesundheitlichen Bereich, Konflikten bei familiären oder privaten Beziehungen bis hin zu Sinnkrisen. »*Nachdem ich nach einem Herzinfarkt auf der Intensivstation des Krankenhauses lag, ist mir endlich klargeworden, dass ich mich beruflich fix und fertig mache.*« *(49-jähriger Verkaufsleiter)* *Psychosomatische Störungen*
- Die einseitige Betonung von *Leistung und Körper* zeigt sich bei den weltbekannten »überzüchteten« Tennisprofis männlichen oder weiblichen Geschlechts, die sich von einer Verletzung zur nächsten quälten, an privaten Kontakten verarmten *Mangelnde Kontakte*

79

und irgendwann keinen Sinn mehr in diesem eingleisigen, unfreien Tun sehen.

Sinnkrise
- Ebenso endet der nur noch *Sinn Suchende,* der sich permanent auf dem Bewusstseinserweiterungs-Trip befindet, in einer dunklen Sackgasse oder dubiosen Sektengemeinschaft.

Zeit-Balance

Der Schlüssel zum Erfolg liegt in der Balance zwischen allen vier Lebensbereichen.

Rangordnung der Lebensbereiche

In seinen Forschungen zur Psychosomatik, d. h. den gesundheitlichen Wechselwirkungen von Psyche, Körper und sozialem Umfeld, betont Nossrat Peseschkian die Notwendigkeit, allen vier Bereichen genügend Zeit und Aufmerksamkeit zu widmen, um bereits im Vorfeld körperlichen Erkrankungen vorzubeugen. Für ihn ergibt sich eine klare Rangordnung der Bereiche in den westlichen Industrienationen:

1. Leistung
- *Rang 1: Die Leistung*
Hohes Engagement in Arbeit und Beruf, ein ausgeprägtes Verantwortungsgefühl für übernommene Aufgaben und der Wunsch, nicht nur auf dem Laufenden zu bleiben, sondern sich beruflich weiter zu entwickeln, führen zu intensiver Beschäftigung im Leistungsbereich.
Keine oder unrealistische Planung, unklare Prioritäten, ineffektive Arbeitsmethodik, Termindruck und ein schlechtes Gewissen wegen lange aufgeschobener Aufgaben sorgen dafür, dass auch mit Dienstschluss nicht einfach abgeschaltet werden kann.
Es kommt zu *Zeitstress:* Probleme und Unerledigtes werden mit nach Hause genommen und erschweren es einem, die Freizeit zu genießen. Darunter leiden die übrigen drei Lebensbereiche.

2. Gesundheit
- *Rang 2: Die Gesundheit*
Gesundheit ist für viele Menschen so lange kein Thema, wie sie körperlich gesund sind. Stimmt es jedoch einmal mit diesem Lebensbereich nicht mehr, dann merken wir, wie wichtig Gesundheit ist. Immer mehr Menschen widmen daher – meist gezwungenermaßen – einen erheblichen Teil ihrer Zeit der Erhal-

80

tung oder Wiederherstellung der Gesundheit. Allerdings zu
oft unter der Prämisse, damit eine noch höhere berufliche Leis-
tungsfähigkeit freisetzen zu können.

- *Rang 3: Die Kontakte*　　　　　　　　　　　　　　　　
  Qualitativ hochwertige Kontakte zum Ehe- oder Lebenspartner, zu den Kindern, Eltern, Freunden, Arbeitskollegen und
  Mitmenschen werden oft nachhaltig gestört.
  Flucht in die Arbeit oder hinter die Zeitung, berufliche Verpflichtungen, die den Dienstschluss hinauszögern, ein Zweit-
  computer zu Hause, die »Pflicht«, sich fit zu halten, überlange
  Fernseh-»Sitzungen« – sie alle nagen am Zeit-Kapital für diesen Bereich.
  Immer mehr Menschen sind sich jedoch der drohenden Gefahr
  von Entfremdung und Isolierung im Kontakt-Bereich schmerz-
  haft bewusst geworden. Sie gehen deswegen dazu über, auch
  diesen Bereich bewusst zu pflegen.

- *Rang 4: Die Frage nach dem Sinn*　　　　　　　　　　
  Nach der Einschätzung vieler Menschen wird der Frage nach
  den *Werten*, die unserem Leben Sinn geben, und den *Zielen*,
  die wir verfolgen, noch zu wenig Aufmerksamkeit gewidmet.
  Für eine wachsende Anzahl von Menschen nimmt die aktive
  Beschäftigung mit Fragen der eigenen oder familiären Zukunft, Umwelt, Zukunft der Menschheit und Fragen des Glau-
  bens einen immer breiter werdenden Raum ein.
  Ein solcher Wertewandel ist heute in vielen Bereichen der Ge-　　
  sellschaft zu beobachten. Persönliche Werte werden zunehmend
  aus sinnerfülltem Leben und Zeit für die Freizeit und Familie
  abgeleitet. Statt der Überbetonung eines Bereichs werden Balance und Harmonie zwischen allen vier Bereichen angestrebt.

Pro Tag haben Sie nur eine begrenzte Anzahl von Stunden zur
Verfügung. Jede Ausweitung eines Bereichs erfordert daher die
Beschränkung eines anderen, mindestens aber die bessere Nut-
zung des kostbaren Kapitals Zeit.

Ganzheitliches Zeitmanagement hilft Ihnen, Ihre Zeit bes-　　
ser zu nutzen und Ihr Leben in Balance zu halten.

ZWEITER TEIL
SIEBEN SCHRITTE
ZUR PERSÖNLICHEN
ZEITSOUVERÄNITÄT
UND EFFEKTIVITÄT

Kapitel 6
Ihre persönliche Erfolgspyramide zur Effektivität

»Auch die längste Reise beginnt mit dem ersten Schritt.«
Alte chinesische Lebensweisheit

6.1 Individuelle Lebensgestaltung

Die neuesten Forschungen über individuelle Lebensverläufe bei Berufstätigen zeigen, dass das auf tradierten Arbeitszeitordnungen beruhende *Lebensmodell* von der klassischen Dreiteilung des Lebens in die Phasen

Das klassische Lebensmodell ist überholt

Bildung → Erwerbstätigkeit → Ruhestand

größtenteils längst überholt ist. Früher musste man häufig bis zur letzten Stunde seines Erwerbslebens voll leistungsfähig sein, um dann von heute auf morgen aufgrund der Vorgaben eines bestimmten kalendermäßigen Ruhestandsalters abrupt und total aus dem Beruf auszuscheiden – mit Folgeproblemen wie z. B. dem Pensionierungsschock.

Verschiedene flexible Arbeitszeit- und Lebenszeitgestaltungsmodelle ermöglichen sowohl gleitende Übergänge in den Ruhestand als auch eine weitere Beschäftigung mit sinngebenden Aufgaben und Herausforderungen. Dies ist meistens mit einer reduzierten Arbeitszeit verbunden.

Flexible Arbeits- und Lebenszeit

Bewusster und glücklicher leben, Life Styling, Selbstmanagement, erfolgreiche Lebensgestaltung und Hedonismus sind nur einige Schlagworte, die das Bedürfnis nach einer individuellen Verfügungsgewalt über das kostbare Lebensgut »Zeit« aus-

Persönliche Zeitsouveränität

drücken. Eine so gewonnene *Zeitsouveränität* ermöglicht Selbstverwirklichung und Persönlichkeitsentfaltung nach eigenen Bedürfnissen oder Zielvorstellungen. Persönliche Zeitbudgets müssen auch in den Hochphasen des Lebens und nicht erst nach der Pensionierung für die Verwirklichung auch privater Lebensziele verfügbar gemacht werden.

Zeitsouveränität als Lebensqualität

Lebens- und Selbstmanagement durch Zeitsouveränität bedeutet bewusster, eigenverantwortlicher und gleichgewichtiger Umgang mit dem kostbaren, knappen Gut »Zeit« in allen beruflichen und persönlichen Lebensbereichen.

Theorie der Lebenszyklen

Zeitsouveränität stellt zweifelsohne ein noch zu erringendes Stück »Lebensqualität« dar. Die in den Natur- und Sozialwissenschaften verbreitete *Theorie der Lebenszyklen* oder *Lebensperioden* weist nach, dass der Mensch etwa alle sieben Jahre in ein neues Stadium der Persönlichkeitsentwicklung eintritt. Übergangszeiten folgen Phasen der Stabilität und umgekehrt. Die einzelnen Phasen gehen einher mit sozialen Wandlungsprozessen im Familien- und Berufsleben. Untersuchungen von Lebenszyklen Erwachsener und Karrierestudien deuten darauf hin, dass Menschen ausgeprägte Verhaltensweisen und Zielprioritäten zu unterschiedlichen Zeitpunkten in ihrem Leben haben.

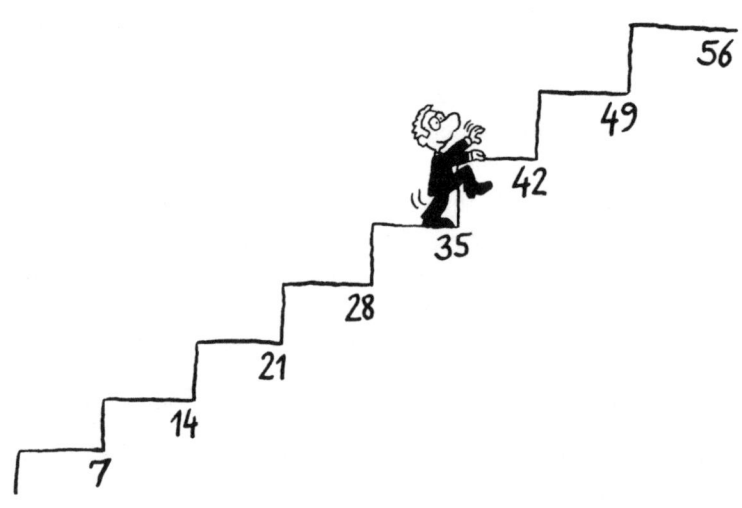

Manager, die nach ihrer Ausbildungszeit immer erfolgreich ge- Lebensalter der Dreißiger
arbeitet haben, betrachten die Jahre im *Lebensalter der Dreißiger*
unter Umständen als eine Phase der Konsolidierung und Konzentration der Kräfte auf den großen Schub nach vorn, um ganz
nach oben zu gelangen. Diese Menschen sind so sehr mit ihrer
Arbeit verbunden, dass Familie und Freizeit oft vernachlässigt
werden. Sie sind jedoch mit ihrer Situation zufrieden, hochgradig
motiviert und bereit, während dieser Zeit viele Überstunden zu
leisten, um aufzusteigen. Dies gilt insbesondere für die Gestaltung von zwischenmenschlichen Beziehungen, wo feste Arbeits-
zeiten die Lebenspartner oft daran hindern, ihre verschiedenen
Bedürfnisse in befriedigender Weise miteinander in Einklang zu
bringen, z. B. bei der Versorgung der Kinder, wenn beide Partner
ihrem Beruf nachgehen wollen.

Persönliche Lebensziele werden noch sehr vom *Karriere-* und Karriere und Einkommens- ziele
Einkommensdenken dominiert. Individuelle und gesellschaftli-
che Wertesysteme und Rollenvorstellungen – etwa »der Mann als
Ernährer der Familie« – werden notwendigerweise neue Orien-
tierungen erhalten und einen Paradigmenwechsel erfahren müssen. Die Konzentration und Komprimierung der Arbeitszeit auf
die mittleren Lebensjahre und die überholte Vorstellung von einem »erfüllten Arbeitsleben« werden zunehmend als Belastung
empfunden. Überforderung, Doppel- und Mehrfachbelastung,
Hektik und vor allem *Stress* sind die gängigen Schlagworte dieses Hektik und Stress
stereotypen Lebensmusters. Besonders in den USA sind deshalb
individuelle und gesellschaftliche Veränderungsprozesse schon
längst in Gang gekommen.

6.2 Neue Lebensphasen

Die *Lebenszyklen* von Erwachsenen haben sich gegenüber früher Veränderung der Lebens- zyklen
grundlegend verändert. Menschen brauchen heutzutage einer-
seits länger, bis sie richtig erwachsen geworden sind und eine gewisse Lebensreife erlangt haben; andererseits dauert es bedeutend
länger, bis sie anfangen zu altern. Eine 50-jährige Frau etwa, die
von Krebs und Herzkrankheiten verschont bleibt, kann noch
ihren 92. Geburtstag erleben. Auch Männer können eine erhebli-

che Verlängerung ihrer Lebensspanne erwarten. Die alten Eckpunkte des Erwachsenseins:

- Beginn mit 21 und
- Ende mit 65

sind längst hoffnungslos überholt.

Zweites Erwachsenenalter

Die Amerikanerin Gail Sheehy beschreibt eine vollkommen neue Grenze etwa in der Lebensmitte als *zweites Erwachsenenalter:* »Stellen Sie sich vor, Sie treten mit 45 in das Anfangsstadium eines anderen Lebens ein.«

Selbstentfaltung

Statt sich auf dem absteigenden Ast wiederzufinden, machen Männer und Frauen, die diesen neuen Lebensabschnitt jenseits der männlichen und weiblichen Wechseljahre positiv in Angriff nehmen, in ihrer persönlichen Entwicklung erhebliche Fortschritte: reichere Lebensqualität mit tieferem Sinngehalt, spielerische Leichtigkeit und frische Kreativität.

Gesellschaftliche Veränderungen

Gesellschaftliche wie persönliche Normen und Werte haben sich radikal verschoben und nachhaltig verändert. Nichts erscheint gegenüber früher mehr »normal«. So kommt es uns keinesfalls mehr ungewöhnlich vor, wenn in den USA

- neunjährige Jungen mit Schusswaffen zur Schule kommen;
- 16-Jährige sich von ihren Eltern (oder einem Elternteil) scheiden lassen können;
- 30-jährige Männer immer noch zu Hause bei ihrer Mutter wohnen;
- 40-jährige Frauen zum erstenmal schwanger werden;
- 50-jährige Männer zwangsweise frühpensioniert werden;
- 65-jährige Frauen ein Studium beginnen, ihr Examen ablegen und einen Beruf ergreifen;
- 70-jährige Männer (mittels eines Wachstumshormons) um 20 Jahre jünger werden;
- 80-Jährige an Marathonläufen teilnehmen;
- 80-Jährige zusammenziehen, Spaß am Sex haben und ihre erwachsenen Kinder beschämen
- und jeden Tag immer mehr Frauen zum 100. Geburtstag gratuliert wird.

Lebensperioden

Gail Sheehy unterscheidet im Einzelnen drei charakteristische *Lebensperioden:*

- das vorläufige Erwachsenenalter (18 bis 30)
- das erste Erwachsenenalter (30 bis 45)
- das zweite Erwachsenenalter (45 bis 85+)

Im Einzelnen lassen sich die neuen Lebensphasen im Erwachsenenalter auch in Form einer *Landkarte* darstellen (vgl. Abbildung).

Das Bahnbrechende an dieser neuen Realität und Sheehys Konzept der neuen Lebensphasen stellt das »*Zweite Erwachsenenalter*« in den mittleren Lebensjahren dar (»Adult Revolution«):

> Mit dem Tag, an dem Sie 45 werden, treten Sie in einen neuen, aufregenden Lebensabschnitt ein.

Das Lebensalter *zwischen 45 und 55* umfasst ein völlig neues Territorium, das Sheehy »Überlegenheit« (Mastery) nennt und das die größte durchgreifende Veränderung darstellt. Wir alle haben die Möglichkeit und die Chance, unseren persönlichen *Lebenszyklus* nach eigenen Vorstellungen zu gestalten.

Die neuen Lebensphasen des Erwachsenenalters beginnen mit der Einstellung, das eigene Leben selber in die Hand nehmen und selber gestalten zu wollen. Stephen Covey spricht in diesem Zusammenhang von *pro-aktiv sein* als Schlüsselprinzip zu persönlicher Effektivität und selbstverantwortlichem Leben.

6.3 Sieben Stufen zum Erfolg

Wer mehr *Zeitsouveränität* erlangen möchte, dem empfehlen wir unser siebenstufiges Erfolgsprogramm für *Effektives Selbstmanagement*:

- Im *ersten Schritt* entwickeln Sie Ihre *Lebensvision,* Ihr berufliches und persönliches Leitbild und formulieren in einem ersten Entwurf Ihr/e Lebensziel/e.
- Im *zweiten Schritt* definieren Sie die *Lebenshüte oder -rollen,* mit denen Sie täglich durchs Leben gehen. Diese Instrumente helfen Ihnen, Ihre langfristige Vision im Alltag konkret zu fixieren und mit Leben und Inhalt zu füllen.

Marginalien:
Lebensphasen als Landkarten

Adult Revolution

Alter zwischen 45 und 55

Proaktive Lebensgestaltung

Effektives Selbstmanagement

1. Lebensvision

2. Lebenshüte

89

ERWACHSEN-
SEIN
(Beta-Version)
18-30 Jahre

zögernde
20er

ERWACHSEN-
SEIN I
30-45 Jahre

30er
mit Drive

40er
voller Power

Ausbildung

Spaß

START

!

Bestands-
aufnahme

Abschiede

„klei[n]
To[...]

frühe
Midlife-
Krise

DER NEUE ERWACHSENEN-LEBENSZYKLUS NACH G. SHEEHY
(*Quelle:* in Anlehnung an G. Sheehy, New Passages, New York 1996)

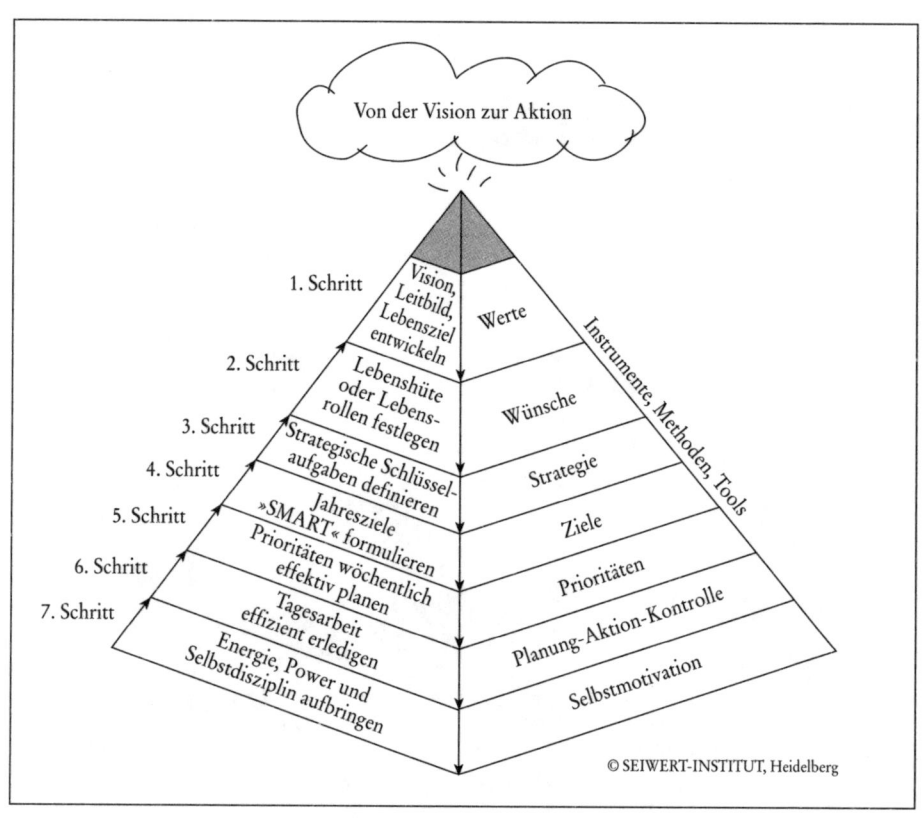

ERFOLGSPYRAMIDE ZUR EFFEKTIVITÄT

3. Schlüsselaufgaben
- Im *dritten Schritt* befassen Sie sich mit Ihrer persönlichen *Strategie*, damit Sie sich auf Ihre erfolgversprechendsten Aktivitäten konzentrieren. Hierzu formulieren Sie Schlüsselaufgaben (Assignments), die Sie am schnellsten weiterbringen.

4. Zielplanung
- Im *vierten Schritt* formulieren Sie konkrete *Ziele* für Ihre berufliche und persönliche Zukunft. Sie können und sollten dies für die nächsten drei bis fünf Jahre tun, aber auf jeden Fall für die nächsten zwölf Monate als *Jahreszielplan* auf Basis des Zeit-Balance-Modells und der Lebenshüte.

5. Prioritäten
- Im *fünften Schritt* beginnen Sie mit Ihrer wöchentlichen *Prioritätenplanung*. Während bei der Tagesarbeit vornehmlich externer Termindruck im Hinblick auf die Erledigung von *dringenden* Aktivitäten im Vordergrund steht, fokussiert Sie die

92

Wochenplanung auf die *Wichtigkeit* von beruflichen und persönlichen Zielen.

- Im *sechsten Schritt* geht es um die tägliche Konsequenz bei der Umsetzung und Selbstmotivation. Denn der *Tag* ist die Zeiteinheit, in der wir leben. Wer den Tag nicht im Griff hat, bekommt auch sein Leben nicht in den Griff.

  6. Tagesgestaltung

- Im *siebten Schritt* geht es darum, *Energie, Power und Selbstdisziplin* aufzubringen. Sie bilden die Basis und Motivation für Ihren täglichen Erfolg.

  7. Selbstdisziplin

Unsere *Erfolgs-Pyramide* gibt Ihnen einen Überblick über die sieben Schritte zur *Zeitsouveränität* und *Effektivität*.

Erfolgspyramide

Kapitel 7
Erster Schritt: Vision, Leitbild und Lebensziel entwickeln

»Würdest du mir bitte sagen, wie ich von hier aus weitergehen soll?«
»Das hängt zum größten Teil davon ab, wohin du möchtest«, sagte die Katze.
»Ach, wohin ist mir eigentlich gleich ...« sagte Alice.
»Dann ist es auch egal, wie du weitergehst«, sagte die Katze.
(Lewis Carroll, Alice im Wunderland)

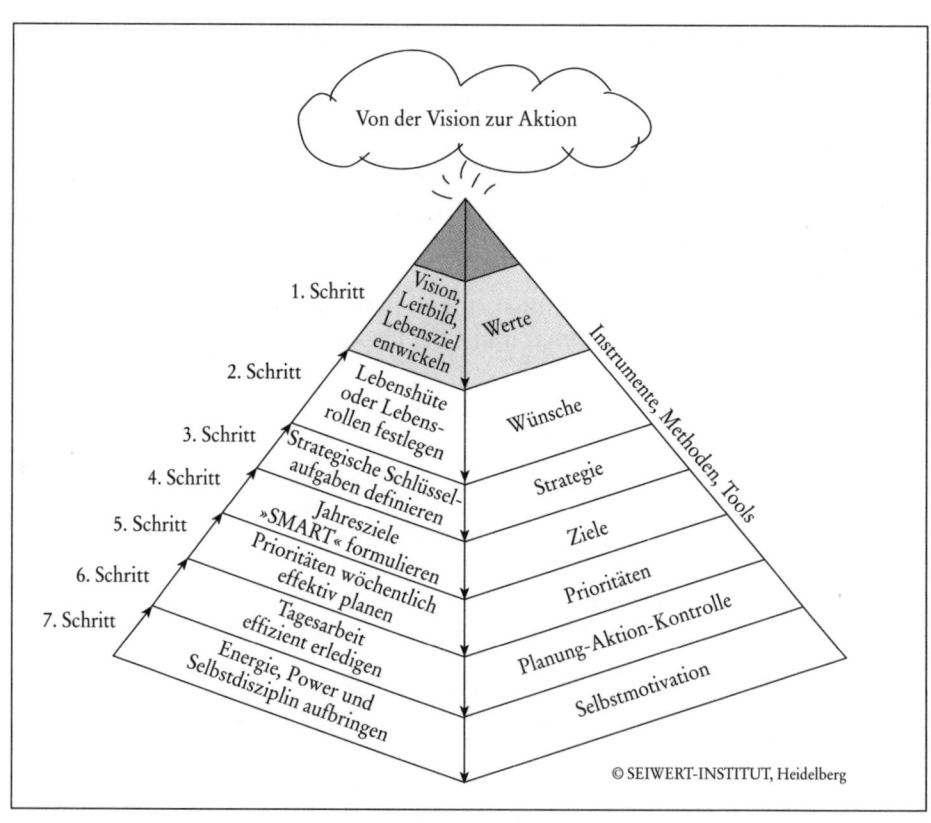

ERFOLGSPYRAMIDE ZUR EFFEKTIVITÄT

7.1 Bedeutung von Visionen, Leitbildern, Lebenszielen

»Große Persönlichkeiten haben große Träume.«
Nikolaus B. Enkelmann, Erfolgstrainer

Viele bewegen sich mehr oder weniger ziel- oder orientierungs-los durch ihr Berufs- und Privatleben und lassen alles auf sich zu-kommen. Ihre Einstellung oder Lebensauffassung gipfelt darin, dass sie ohnehin die Zukunft nicht beeinflussen könnten; entwe-der sei alles eben Schicksal oder zufallsbedingt.

In meiner ersten beruflichen Position im Personalwesen eines Großunternehmens der Eisen- und Stahlindustrie in Düsseldorf lernte ich eine ganze Reihe von Mitarbeitern kennen, die bereits am Montagmorgen darüber klagten, dass sie schon wieder zur Ar-beit »mussten« und die schon sehnlichst den Freitagnachmittag herbeiwünschten. Dieser innere Spannungszustand wurde zudem gerne im Cognac ertränkt. So retteten sie sich von Wochenende zu Wochenende oder motivierten sich mit Warten auf ihren nächsten Jahresurlaub.
Und wenn sie nicht gestorben oder inzwischen pensioniert wor-den sind, verharren sie immer noch re-aktiv in ihrem Schicksal ...

Nur wer eine klare Vision, ein berufliches und persönliches Leit-bild oder ein Lebensziel hat, ist in der Lage, seinem Leben Sinn und Richtung zu geben:

Eine Langzeitstudie der Harvard-Universität über den Werde-gang von Studienabgängern über einen Zeitraum von zehn Jah-ren zeigte folgende Resultate:

- *83 Prozent hatten keine Zielsetzung für ihre Karriere und ver-dienten im Schnitt einen bestimmten Dollar-Betrag (1X).*
- *14 Prozent hatten eine klare Zielsetzung für ihre Karriere, die-se aber nicht schriftlich festgelegt; sie verdienten im Schnitt dreimal soviel Geld wie die erste Gruppe (3X).*
- *3 Prozent hatten eine klare Zielsetzung für ihre Karriere und diese auch schriftlich formuliert; sie verdienten im Schnitt zehnmal soviel wie die erste Gruppe (10X).*

Ob Sie im Leben Ihre Ziele und Wünsche erreichen, hängt neben Ihrer Einstellung und Ihrem Denken davon ab, welche Zukunftsvorstellungen oder Visionen Sie bewusst oder unbewusst entwickelt haben.

Vision: Mond-
landung

In den dreißiger Jahren experimentierte ein kleiner Junge bereits mit zwölf Jahren mit kleinen Raketen und träumte davon, zum Mond zu fliegen. Obwohl dies zu seiner Zeit mehr als verrückt und unvorstellbar erschien, hielt er an seinen scheinbar utopischen Vorstellungen fest. 50 Jahre später realisierte er als verantwortlicher NASA-Direktor seinen Traum vom Raketenflug zum Mond. Sein Name war Wernher von Braun ...

Ob Heinrich von Schliemann, der schon in jungen Jahren von seinem Troja träumte, oder Arnold Schwarzenegger, der sich als schmächtiger Bub vorstellte, den wohlgeformtesten, muskulösesten Körper auf diesem Planeten zu besitzen – viele bekannte Persönlichkeiten oder Stars hatten schon sehr früh eine Vorstellung davon, was sie einmal erreichen wollten.

Zukunfts-
visionen für
unser Leben

Zu irgendeinem Zeitpunkt unseres Lebens haben wir wohl alle schon einmal den inneren Drang verspürt, die Welt aus den Angeln zu heben oder in positiver Weise zu verändern. Dieses Verlangen entspringt meist der *Vision*, dass unser Leben oder diese Welt in irgendeiner Weise bereichert oder verbessert werden könnte. Solche Zukunftsvisionen geben unserem Leben und unserem Tun oft Orientierung und Richtung, indem sie als Motivation und Auslöser für Veränderungen dienen.

Gemeinsame
Visionen

Wenn Menschen eine *gemeinsame Vision* teilen, entsteht die Grundlage für eine erfolgreiche Zusammen- und Teamarbeit. Wenn sehr viele Individuen das gleiche Ziel oder eine gemeinsame Vision haben, gibt es auch eine Basis für eine kollektive (Unternehmens-)Kultur.

Vision als
Leitbild

Visionen wecken Energien, lösen Aktivitäten aus und reißen andere mit. Eine Vision, an die Sie felsenfest glauben, setzt gewaltige geistige wie emotionale Energien frei; sie stellt ein mentales Kraftzentrum dar. Eine Vision oder ein persönliches Leitbild gibt Ihnen das Gefühl, an einer wichtigen Sache zu arbeiten, und Sie konzentrieren Ihr tägliches Tun auf Ihre wahren Ziele. Vision, Motivation, Inspiration – sie alle hängen eng miteinander zusammen.

Lebensvision
entwickeln

Was sind *Ihre* Wünsche, Träume, Visionen? Im nächsten Abschnitt leiten wir Sie durch verschiedene Übungen, Arbeitsschritte und Fragen dazu an, Ihre eigene Lebensvision zu entwickeln und zu formulieren.

> Ein persönliches Leitbild hilft Ihnen, Sinn und Richtung Ihres Lebens näher festzulegen.

Nutzen eines Leitbildes

- Sie werden sich darüber klar werden, was wirklich wichtig für Sie ist.

Prioritäten

- Das schriftliche Niederlegen hilft, die »Software« in Ihrem Gehirn auf die Erreichung dieser Lebensziele zu programmieren.

Unterbewusstsein

- Die spätere organisatorische »Vernetzung« mit Ihrer Wochen- und Tagesplanung hilft Ihnen, Ihre persönliche Lebensvision auch in Ihre tägliche Arbeit und Ihr Privatleben hineinzutragen.

Tägliche Arbeit

7.2 Wege zu Vision, Leitbild und Lebensziel

»Wenn du ein Schiff bauen willst, dann rufe nicht die Menschen zusammen, um Pläne zu machen, Arbeit zu verteilen, Werkzeug zu holen und Holz zu schlagen, sondern lehre sie die Sehnsucht nach dem weiten, endlosen Meer. Dann bauen sie das Schiff von alleine.«
Antoine de Saint-Exupéry

Wann oder wo auch immer Menschen zusammenkamen, um etwas Außergewöhnliches zu erreichen, wurde eine Vision oder ein Leitbild formuliert. Es war der erste Schritt auf einem langen Weg. Eine *Vision* haben bedeutet nichts anderes als ein *inneres Bild* vor Augen zu haben. Was wir uns bildhaft vorstellen können, sind wir auch in der Lage zu erreichen (N. Enkelmann, Erfolgsprinzipien der Optimisten, 1997).

Vision als inneres Bild

Wenn ein Architekt sein Haus bauen will, hat er eine genaue Vorstellung, wie es später aussehen soll. Der Bildhauer sieht bereits die Statue im unbehauenen Felsblock unmittelbar vor sich; er

Vorstellungskraft

97

*setzt seine Vorstellung in die Tat um, indem er nur noch das
störende Gestein von der Statue wegmeißelt, und das Kunstwerk
ist vollbracht.*

**Vision gleich
Mission**

Ein Leitbild oder langfristiges Lebensziel sollte visionären oder
sogar missionarischen Charakter haben. Wer erinnert sich nicht
an Martin Luther Kings programmatische Rede mit dem Leitsatz
»I Have a Dream ...«? Die Amerikaner sprechen daher auch von
Mission Statement:

**Mission
Statement**

*»Am Leitbild (Mission Statement) zu arbeiten ist die wichtigste
Einzelarbeit überhaupt, weil diese Entscheidung alle anderen
Entscheidungen betrifft.«*
Stephen R. Covey, Autor von Die Sieben Wege zur Effektivität

Enterprise

Das wohl bekannteste Mission Statement stammt von *Gene Rod-
denberry,* dem geistigen Vater von *Raumschiff Enterprise,* und hat
mittlerweile Kultstatus erlangt:

*»Der Weltraum, unendliche Weiten ... Dies sind die Abenteuer des
Raumschiffs Enterprise, das viele Lichtjahre von der Erde entfernt unterwegs ist, um fremde Welten zu entdecken, unbekannte
Lebensformen und neue Zivilisationen. Die Enterprise dringt dabei in Galaxien vor, die nie ein Mensch zuvor gesehen hat.«*

Leitbild, Vision, Mission, Lebensmotto oder Langfristziel sind im Einzelnen nur schwer von einander zu trennen und im Grunde genommen verschiedene Worte für *dieselbe* Sache.

Lebensziel

Sie werden Ihr persönliches Leitbild entwickeln und sich mit folgenden Fragen auseinander setzen:

Leitfragen

- Was will ich in meinem Leben noch erreichen?
- Was ist mir wichtig, welche persönlichen Werte schätze ich?
- Worin liegen meine Fähigkeiten und Begabungen?
- Auf was will ich am Ende meines Lebens letztlich zurückblicken?

Jedes von Menschen geschaffene Produkt und jedes gesteckte und erreichte Ziel ist zuvor – bewusst oder unbewusst – geistig bzw. *mental* kreiert worden, ob als erster, spontaner Gedanke oder als ausgereiftes, fertiges Konzept, bevor es durch konkrete Aktivitäten und Maßnahmen *reale* Gestalt angenommen hat.

Mentale Kreation

Ein schriftlich formuliertes Leitbild ist die geistige, mentale Kreation Ihres zukünftigen Lebens – der Realität dessen, was Sie gerne sein, tun und erreichen möchten.

Bei der Kreation der eigenen *Lebensvision* geht es vor allem um die Frage, auf was Sie am Ende Ihres Lebens zurückblicken möchten. Erfolgreiche Persönlichkeiten haben eine klare Vorstellung von ihrer eigenen Zukunft. Auch wenn wir derartige Abläufe und Prozesse nur begrenzt beeinflussen können, so steigern wir doch die Chance, unsere Lebensziele zu erreichen, erheblich, wenn wir die eigene Zukunft zunächst *mental* kreieren oder planen und dann *real* in Angriff nehmen. Unser Handeln ist das unmittelbare Ergebnis unseres Denkens.

Reales Handeln

> Alles, was Sie *real* erreichen wollen,
> ist zuvor irgendwo *mental* entstanden.

1. Einstieg: Das Leitbild in der Rückwärts-Betrachtung

Vielen fällt es jedoch schwer, sich einfach hinzusetzen und ihre Lebensvision oder ihr Lebensziel in Form eines Leitbildes zu Papier zu bringen. Eine radikale, aber wirksame Übung besteht darin, seine *eigene Grabrede* zu schreiben.

ÜBUNG: PERSÖNLICHE GRABREDE

Stellen Sie sich vor, Sie sind auf Ihrer eigenen (!) Beerdigung. Der Sarg fährt in die Grube ein, und es soll vor der versammelten Schar der Trauergäste eine Rückschau auf Ihr berufliches und privates Leben gehalten werden. *Sie* können das Rad der Zeit zwar nicht mehr zurückdrehen, sind jedoch der Verfasser Ihrer eigenen Grabrede:

- Wie soll das Manuskript im Einzelnen aussehen?
- Was sollte an Positivem hervorgehoben werden?
- Welche Verdienste, Erfolge und Lebensstationen sollen gewürdigt werden?
- Was sollte tunlichst verschwiegen werden? Worauf soll nicht zurückgeblickt werden?
- Und was wäre sonst noch zu sagen?

Schreiben Sie einmal den genauen Wortlaut auf und überlegen Sie auch, wen Sie sich als Redner wünschen.

Haben oder hatten Sie mit dieser Übung Ihre Schwierigkeiten? Den meisten ergeht es ebenso wie Ihnen: Die Vorstellung von der eigenen Beerdigung schreckt auf den ersten Blick etwas ab.

Schrittweises Entwickeln der Vision
Aus unserer langjährigen Seminararbeit wissen wir, dass es für viele Teilnehmer einfacher ist, wenn sie Ihr Leitbild *schrittweise entwickeln*. Ist das Leitbild schließlich zu Papier gebracht, stellt sich eine besondere Motivation und Zuversicht ein. Alle die einzelnen Elemente und Bausteine einer *Lebensvision* fügen sich mosaikartig zu einem großen harmonischen Ganzen zusammen.

Persönlicher Wachstumsprozess
Nach den folgenden *sieben Schritten* werden Sie einen ersten schriftlichen Entwurf von Ihrem persönlichen Leitbild, Ihrer Lebensvision, vorliegen haben. Es geht hier nicht um ein schnelles Ergebnis, sondern um den Einstieg in einen tieferen, inneren Wachstumsprozess mithilfe der einzelnen Fragen, Übungen und Arbeitsanweisungen, denn *»Der Weg ist das Ziel« (Zen)*.

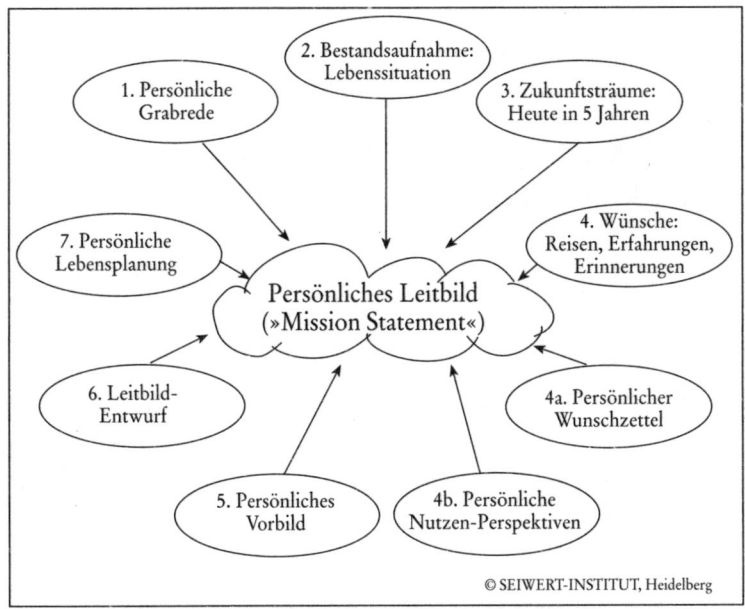

BAUSTEINE EINES PERSÖNLICHEN LEITBILDES

2. Bestandsaufnahme: Meine Lebenssituation, meine Lebensbetrachtung

Zur Formulierung einer Lebensvision bedarf es zuerst einer Analyse der eigenen persönlichen und beruflichen Ausgangssituation. Wir können die Zukunft nicht losgelöst von der Vergangenheit gestalten. Durch unsere bisherige Entwicklung sind wir bereits vorgeprägt und tragen Werte, Wünsche und Lebensorientierungen – zumindest unbewusst – mit uns herum:

Betrachtung der eigenen Lebenssituation

> Wenn wir wissen wollen, wohin wir gehen,
> müssen wir wissen, woher wir kommen.

Die nachfolgenden Arbeitsblätter sollen Sie zu einer detaillierten Bestandsaufnahme, zu einer persönlichen *Lebensbetrachtung* anregen.

101

BESTANDSAUFNAHME:
MEINE LEBENSSITUATION, MEINE LEBENSBETRACHTUNG

Wenn Sie in dieses Buch nicht hineinschreiben möchten oder mehr Platz benötigen, kopieren oder vergrößern Sie die Arbeitsblätter einfach auf A4.

1. Was war mein erstes Erfolgserlebnis in der Kindheit, an das ich mich noch konkret erinnern kann?

   ....

   ....

   ....

2. Wie betrachte bzw. beurteile ich mein Elternhaus und meine Erziehung?

   ....

   ....

   ....

3. Das wievielte Kind in der Familie war ich und welche Wirkung hatte das auf mich?

   ....

   ....

   ....

4. a) Wie stand oder stehe ich persönlich zu meinem Vater?

   ....

   ....

   b) Was bewunderte oder bewundere ich an ihm?

   ....

   ....

   c) Welche Nachteile oder besonderen Probleme hatte oder hat er aus meiner Sicht?

   ....

   ....

5. a) Wie stand oder stehe ich persönlich zu meiner Mutter?

   ....

   ....

   b) Was bewunderte oder bewundere ich an ihr?

   ....

   ....

   c) Welche Nachteile oder besonderen Probleme hatte oder hat sie aus
      meiner Sicht?

   ....

   ....

6. a) Wer von beiden Eltern dominierte und welchen Einfluss hatte das auf
      mein Leben?

   ....

   ....

   ....

   b) Was ist mir davon besonders in Erinnerung?

   ....

   ....

   ....

7. a) Wie war meine Familie insgesamt? Harmonisch, disharmonisch? Gab
      es einen gewissen Zusammenhalt?

   ....

   ....

   b) Beispiele von Harmonie:

   ....

   ....

   c) Beispiele von Disharmonie:

   ....

   ....

8. a) Welchen Einfluss auf mein Leben hatten mein Heimatort und meine Heimatregion?

_____

_____

_____

b) Was liebte ich daran? Was störte mich?

_____

_____

_____

c) Welche Gründe gab es eventuell, um meine Heimatregion zu verlassen?

_____

_____

_____

9. a) In welchem Glauben wurde ich erzogen und was bedeutet mir heute mein Glauben?

_____

_____

_____

b) Welche besonderen Erinnerungen an Glauben und Religion haben bei mir dauerhaften Eindruck hinterlassen?

_____

_____

_____

10. Welche kulturellen Faktoren spielten bisher in meinem Leben eine Rolle? Wie groß ist mein Interesse für Musik und Kunst?

_____

_____

_____

_____

11. a) Welche Persönlichkeiten aus Wirtschaft, Politik, Kultur, Sport und anderen Bereichen schätze ich besonders und warum (z. B. wegen ihrer Leistung, Lebensart oder sonstiger Werte)?

....

....

....

b) Welchen Einfluss hatten oder haben diese Persönlichkeiten auf meine Entwicklung und Entscheidungen?

....

....

....

12. Habe ich so etwas wie einen »geistigen Mentor« oder eine innere Leitfigur – etwa dass ich mich manchmal frage: Wie würde dieser jetzt in meiner Situation entscheiden?

....

....

....

13. a) In Gesellschaft welcher Menschen (Freunde, Geschäftspartner, Kollegen, Vereins-/Verbandsmitglieder etc.) fühle ich mich wohl und ungezwungen, und welche Wirkungen hat das auf mein privates und berufliches Leben?

....

....

....

b) In Gesellschaft welcher Menschen fühle ich mich unwohl und unfrei, und welche Wirkungen hat das auf mein privates und berufliches Leben?

....

....

....

14. Wann und bei welchen Aufgaben oder Herausforderungen fühle ich mich wohl und bestätigt – oder sogar geradezu »stark« – und was habe ich dadurch erreicht (Erfolge)?

15. Über welche besonderen *Kenntnisse* (Wissensgebiete), *Erfahrungen* (praxisbezogene Tätigkeiten) und *Fähigkeiten* (Skills) verfüge ich? Schreiben Sie alle Kenntnisse, Erfahrungen und Fähigkeiten auf, die Sie haben, und bewerten Sie diese rechts auf dieser Seite: Bewertung (++ = sehr gut, + = gut, +/- = befriedigend) bitte ankreuzen!

	++	+	+/-
a)			
b)			
c)			
d)			
e)			
f)			
g)			
h)			
i)			
j)			
k)			
l)			
m)			
n)			
o)			
p)			
q)			
r)			
s)			
t)			
u)			
v)			
w)			
x)			

16. Was waren bisher meine größten Erfolge; was habe ich dadurch erreicht?

17. Wann und bei welchen Aufgaben oder Herausforderungen fühle ich mich unwohl oder »schwach«; welche Misserfolge hatte ich dadurch?

18. Worin bestehen zur Zeit im beruflichen Bereich für mich größere Probleme oder Gefahrenpotenziale (mangelndes Können, Weiterbildung, Überlastung, Konkurrenzsituation, Unternehmensgefährdung etc.), und was kann ich dagegen tun?

19. Worin bestehen zur Zeit im privaten Bereich für mich größere Probleme oder Gefahrenpotenziale, und was kann ich dagegen tun?

a) Ehe und Partnerschaft:

b) Kinder:

c) Eltern, Verwandte, Freunde:

20. Wenn ich drei Wünsche frei hätte, würde ich mir Folgendes wünschen:
a)
b)
c)

Werte und Lebenseinstellungen

Bei dieser umfassenden Lebensbetrachtung werden Ihnen verschiedene Dinge deutlich geworden sein: welche Werte, Vorbilder und Einflüsse Sie bisher geprägt haben, worin Ihre Lebenseinstellungen liegen, was Sie durchaus beibehalten und was Sie unbedingt verändern wollen.

Im nächsten Schritt gestatten Sie sich einmal, ganz in die Zukunft hineinzuträumen.

3. Visualisierungsübung: Wunschtraum »Zukunft«

Wunschträume und Entspannung

Für diese Übung benötigen Sie ein großes Blatt Papier (je größer, desto besser), farbige Stifte, zehn Minuten Ruhe und eine CD mit Entspannungsmusik.

Lehnen Sie sich entspannt zurück, schließen Sie gleich anschließend Ihre Augen und stellen Sie sich einfach vor, wie Sie in die Zukunft »gebeamt« werden.

Denken Sie sich einfach genau fünf Jahre weiter, gerechnet von heute an: Welches Datum schreiben wir?

HEUTE in fünf Jahren:

_____

(genaues Datum!)

Was wird sich *»HEUTE in fünf Jahren«* alles verändert haben?

Beruf
- Welcher *beruflichen* Tätigkeit werden Sie nachgehen? Wie wird dann Ihr *Arbeitsumfeld* aussehen? Mit welchen *Leistun-*

gen werden Sie Ihren Lebensunterhalt verdienen? Welchen *Leistungs-* oder *Qualitätsstandards* werden Sie in Ihrem Beruf dann genügen müssen oder wollen?

- Wie werden Ihre *familiäre Situation* und Ihre *privaten Bezie-hungen* aussehen? Welche Menschen und Bezugspersonen werden dann für Sie wichtig sein? Wer wird womöglich nicht mehr da sein? Privates
- Welche neuen *Erfahrungen* werden Sie gemacht haben? Was werden Sie an *Wissen* hinzugewonnen oder Neues gelernt ha-ben, z. B. eine Fremdsprache, eine Sportart, ein Hobby, ein Auslandsaufenthalt? Erfahrungen
- Worin liegen Ihre *Lebensprioritäten,* welches *Lebensmotto* gilt für Sie? Gibt es Anzeichen eines Leitbildes, Lebenszieles oder eine Lebensvision? Lebensmotto

Nehmen Sie nun farbige Stifte und *visualisieren* Sie Ihre Träume und Zukunftsvorstellungen – malen Sie einfach. *Kann ich nicht!* ist eine Einschränkung, die Sie sich selbst auferlegen. Visualisieren

Unterteilen Sie Ihr Blatt in *vier Quadranten* und malen Sie in jede Ecke ein kleines Szenario des jeweiligen Lebensbereiches; Sie können zusätzlich auch Stichpunkte notieren oder nur Worte aufschreiben, wenn Sie möchten.

Beruf, Arbeit, Leistung	Familie, private Beziehungen
Lernen, Wissen, Erfahrungen	Lebens-Prioritäten, Lebensmotto

Sie müssen nicht gleich Picasso übertreffen wollen, aber malen und *visualisieren* Sie, da Ihr *Unterbewusstsein* in Bildern denkt. Sie aktivieren die Potenziale Ihrer rechten Hirnhälfte und erschließen sich den Zugang zu verborgenen Wünschen, Bedürfnissen und Zielen.

> Ihre Vision können Sie nur in sich selbst finden oder aus Ihrem Innern heraus entwickeln.

Nur dann, wenn Ihre Vision gefühlsmäßig für Sie stimmig ist, wird sie Ihnen auch als Kraftzentrum zur Verfolgung und Erreichung Ihrer Lebensziele dienen.

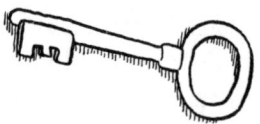

Der Schlüssel zum Himmel

*In seiner Allmacht erschuf Gott die Welt aus sich selbst heraus, um damit spielen zu können. Ihm war alleine langweilig geworden. Die ersten Wesen, die er schuf, kehrten jedoch sehr schnell von der Erde zurück in den Himmel zu Gott, da es ihnen hier besser gefiel. Dies war für Gott nicht so unterhaltend und er überlegte, ob er den Himmel abschließen und den Schlüssel verstecken sollte. Was war nun aber ein gutes Versteck? Vielleicht der höchste Gipfel der Berge oder der Mond oder ein anderes der Gestirne? Gott schaute in die Zukunft und sah voraus, dass der Mensch all dies erforschen und ergründen würde. Dann wurde ihm auf einmal klar, wo die Menschen ihn und den Himmelsschlüssel am wenigsten suchen würden: Lieber würde der Mensch alle Strapazen auf sich nehmen, um die entferntesten Winkel zu erforschen, als dass er den kleinen Weg in sich selbst hineinginge, um sein eigenes inneres Sein zu ergründen. Seit dieser Zeit hat Gott ein himmlisches Vergnügen, die Menschen zu beobachten, wie sie nach Zufriedenheit, wahrem Erfolg und Glück suchen.
(Geschichte aus Indien)*

Unser Zukunftsstreben nach Glück und Erfolg hat in der Regel materielle wie immaterielle Dinge zum Inhalt. Hier muss es jedoch kein »Entweder-Oder« wie bei dem gern zitierten »reich oder gesund« geben, es ist auch ein »Sowohl-Als auch« möglich. Es ist ein Paradigma, ein tradiertes Brett im Kopf, zu glauben, es gäbe nur das eine oder das andere. Auch ein »lieber reich und gesund als arm und krank« ist möglich.

Glück und Erfolg

Im Laufe der eigenen Lebenszeit werden materielle Dinge oder Besitztümer relativ unwichtiger und immaterielle Werte wie Beziehungen spielen eine zunehmend gewichtigere Rolle. Der Psychoanalytiker und Philosoph *Erich Fromm* arbeitete bereits 1976 diesen Wertewandel »vom Haben zum Sein« in seinem berühmten Werk eindrucksvoll heraus. Er unterscheidet zwei Arten der Orientierung der Welt und sich selbst gegenüber: die Orientierung am Haben und die Orientierung am Sein.

Haben oder Sein nach Erich Fromm

Nur dann, wenn wir uns vom *Haben* lösen und das *Sein* zum Angelpunkt unseres Denkens und Handelns machen (»Wohl-Sein«), wird ein sinnvolles Leben möglich. (Erich Fromm)

Vernunft, Liebe und produktives Tätigsein helfen uns dabei und führen uns zur wahren Kunst des Lebens. Aber wir müssen auch den Mut zur Veränderung haben und am Haben orientierte Objekte loslassen können, damit wir schließlich sagen können: »Ich bin, was ich bin.«

Lebenskunst

Stephen R. Covey spricht in »Der Weg zum Wesentlichen« von den vier »Ls« im Leben, auf die es bei der Erfüllung menschlicher Bedürfnisse ankommt: »To Live, to Love, to Learn, to Leave a Legacy«, d. h. leben, lieben, lernen und ein Vermächtnis hinterlassen. Jedes dieser Bedürfnisse ist von wesentlicher Bedeutung. Wenn eines dieser Bedürfnisse unerfüllt bleibt, mindert dies unsere Lebensqualität.

Vier Ls im Leben

Gleichwohl möchten wir Ihnen Mut machen, auch *materielle Wünsche* zu haben, sich diese ganz oder weitgehend zu erfüllen

Materielle Wünsche

und vorbehaltlos daran zu erfreuen, selbst wenn viele anderswo auf dieser Welt darben müssen. Sie können unabhängig davon bzw. vielleicht gerade deswegen auch Ihren persönlichen sozialen Beitrag für diese Gesellschaft leisten.

Ute Ohoven, Millionärsgattin und Spendensammlerin aus Düsseldorf, berichtete 1997 in der Talkshow Willemsens Woche *von ihrem Besuch bei Mutter Teresa in Kalkutta. Sie selbst könne dieses aufopferungsvolle Leben auf gar keinen Fall führen, aber gerade durch ihre exponierte Stellung daheim mit Zugang zur High Society könne sie ganz andere Spendengelder sammeln und so für die Armen einen sehr viel größeren Dienst leisten.*

Wunsch-Trilogie Reichtum, Luxus und Wohlstand können also durchaus Bestandteil einer persönlichen Zukunftsplanung sein. Unsere *Wunsch-Trilogie* umfasst im Einzelnen drei Bereiche: Haben – Bewirken – Sein.

4 a. Persönliche Wünsche: Was Sie gern »haben« möchten

Haben und Besitz Am einfachsten ist es zunächst, Dinge zu nennen, die wir *haben* oder besitzen möchten, z. B. Geld oder Reichtümer, und was wir gerne noch tun möchten, wie z. B. Reisen unternehmen, Erfahrungen gewinnen oder Erinnerungsstücke sammeln. Die nächste Übung führt Sie spielerisch dorthin.

Traumreise Spielen Sie einmal *Wünsch dir was* wie in der Fernsehlotterie und verreisen Sie, wohin Sie schon immer einmal wollten. Auf der nächsten Seite können Sie Reiseroute, Verkehrsmittel und Mitbringsel bestimmen. Viel Spaß!

Mut zu Wünschen Was haben *Sie* Kreatives aufgeschrieben? Hatten Sie Mut zu schönen Wünschen? Haben Sie sich vielleicht die unbeschwerte Freude der Südseebewohner oder eine Reise durch Alaska mit dem Hundeschlitten mitgebracht?

Welche Gedanken kamen Ihnen bei Ihren Reisewunsch-Fantasien – warum tun Sie *es* nicht einfach? Was packen Sie als Erstes an?

Welche *weiteren Wünsche* – materieller wie immaterieller Art – haben Sie noch?

Stellen Sie sich vor, Sie dürften nach Shanghai verreisen. Zeit, Geld und Entfernung spielen keinerlei Rolle!

Weltreise

- Welche *drei Zwischenstopps* würden Sie dabei einlegen? Ob diese Orte auf dem direkten Weg liegen oder nicht, ist völlig unerheblich:

  Zwischenstopp

  a) ....
  b) ....
  c) ....

- Welche *drei Transportmittel* würden Sie benutzen? Die Wirtschaftlichkeit soll völlig außer Acht gelassen werden.

  Transportmittel

  a) ....
  b) ....
  c) ....

- Welche *drei Mitbringsel* würden Sie von den drei Orten als Erinnerung mitnehmen? Ob diese erschwinglich sind oder in den Koffer hineinpassen, ist an dieser Stelle unwichtig:

  Mitbringsel

  a) ....
  b) ....
  c) ....

4 b. Persönliche Wünsche: Was Sie gern »tun« oder »bewirken« möchten

»Es kommt nicht darauf an, was wir verdienen durch das, was wir tun, es kommt darauf an, wer wir werden durch das, was wir tun.«
Wolfgang Berger, Autor von Business Reframing

Gehen Sie jetzt einmal der Frage nach, was Sie in Ihrem Leben gerne bewirken oder erreichen möchten und welchen Wert das für andere haben könnte.

Lebenstaten

ÜBUNG: PERSÖNLICHER WUNSCHZETTEL

a) Machen Sie eine Liste all der Dinge, die Sie gerne *haben* möchten und bei denen Sie das Gefühl haben, dass sie für Sie auch *wichtig* sind. Dies können *materielle Dinge* (Haus, Ferrari etc.) ebenso sein wie *immaterielle Dinge*, z. B. Harmonie in der Beziehung:

....

....

....

....

....

....

....

....

....

....

....

....

b) Markieren Sie Ihre *fünf wichtigsten* Wünsche.

ÜBUNG: PERSÖNLICHE NUTZEN-PERSPEKTIVEN

Schreiben Sie auf, was Sie in Ihrem Leben bewirken oder erreichen, welchen Nutzen Sie stiften möchten. Möchten Sie durch Ihr Tun die Welt etwas »besser« oder »wertvoller« wieder verlassen, als Sie sie betreten haben? Möchten Sie hierzu eher einen kleinen oder einen großen Beitrag leisten: für sich, für andere, für die Gesellschaft oder Menschheit?

Wozu bin ich hier? Denken Sie einmal darüber nach und beantworten Sie die nachfolgenden Fragen:

1. Wenn ich manchmal so vor mich hinträume, was sehe ich mich da am liebsten tun?

2. Angenommen, ich hätte mit dem, was ich tue, auf jeden Fall Erfolg, was wäre das?

3. Wenn Zeit und Geld keine Rolle spielten, was würde ich dann am liebsten tun?

4. Welche Tätigkeiten in meinem Berufsleben haben für andere den größten Nutzen?

5. Welche Tätigkeiten in meinem Privatleben haben für andere den größten Nutzen?

Tun wollen Gibt es Dinge, bei denen Sie das Gefühl hatten, sie unbedingt tun zu wollen – auch wenn Sie diese Gedanken aus verschiedenen Gründen immer wieder verworfen hatten?

Nutzen bieten Neben den Dingen, die jemand für sich gerne haben möchte, gibt es eine höhere soziale Ebene, und zwar die des *Nutzenbietens für andere*. Dieser Gedanke wurde bereits in den zwanziger Jahren von Gustav Großmann herausgearbeitet, dem geistigen Vater und Initiator vieler heutiger Arbeits- und Planungsmethoden (siehe Übung S. 115).

Lebenssinn Die Suche nach dem *Lebenssinn* beginnt häufig mit einer Aussage darüber, was wir gerne *sein* möchten, z. B. mit welchen Charaktereigenschaften wir positiv auf unsere Mitwelt wirken wollen.

5. Persönliches Vorbild: Was Sie gern »sein« möchten

Eigenschaften und Persönlichkeit Menschen beeinflussen andere durch ihr Verhalten, ihre Werte oder ihren Lebensstil. Unsere Einstellung, wer oder was wir gerne sein wollen, ist bereits von anderen Personen mitgeprägt worden.

»Wünsche sind Vorboten von Fähigkeiten.«
Johann Wolfgang von Goethe

Die folgende Übung hilft Ihnen herauszufinden, auf welche Charaktereigenschaften Sie besonderen Wert legen.

ÜBUNG: PERSÖNLICHES VORBILD AUSWÄHLEN

Denken Sie an einige Personen, die Ihr Leben bewusst oder unbewusst positiv beeinflusst haben. Dies kann ein Elternteil, ein Familienmitglied, Ihr Chef, ein Arbeitskollege, ein (Geschäfts-)Freund, ein Bekannter oder auch eine Person des öffentlichen Lebens sein. Wählen Sie eine oder mehrere davon aus:

a) Wer hat Ihr bisheriges Leben besonders positiv beeinflusst?

_____

_____

_____

b) Welche Eigenschaften, Begabungen oder Fähigkeiten bewundern Sie bei dieser/n Person/en am meisten?

_____

_____

_____

c) Welche Eigenschaften haben Sie von dieser/n Person/en übernommen (oder gewünscht, ebenfalls zu besitzen), welchen Eigenschaften sind Sie besonders nachgeeifert?

_____

_____

_____

d) Wenn Sie sich an dieser/n Person/en ein Beispiel nehmen, was können Sie z. B. als Führungskraft, Freund oder Elternteil tun, um das Leben anderer ein bisschen »besser als gewöhnlich« zu gestalten und einen positiven Beitrag zu leisten?

_____

_____

_____

6. Leitbild-Entwurf verfassen

Vage Werte Fragt man Menschen danach, was ihnen in ihrem Leben wichtig ist, erhält man häufig relativ gleichlautende Antworten wie »Frieden, Harmonie, Gesundheit, Liebe, langes Leben, gutes Essen ...« Diese für die meisten akzeptablen Grundwerte bleiben jedoch ein ganzes Leben lang vage Worthülsen oder eine Fiktion, solange sie nicht mit konkreten Inhalten und Vorgaben gefüllt werden.

Konkrete Vision Effektives Zeit- und Selbstmanagement zeichnet sich durch die Gestaltung einer *Lebensvision*, d. h. der Formulierung eines Leitbildes *(Mission Statement)* aus. Visionen sind mentale Kraftzentren und motivierende Richtungsweiser. Sie wirken wie innere Stimmen, die uns leiten, unseren eigenen Lebensweg zu finden und zu gehen.

»Visionen sind Strategien des Handelns, das unterscheidet sie von Utopien. Zur Vision gehören Mut, Kraft und die Bereitschaft, sie zu verwirklichen.«
Bundespräsident Roman Herzog in seiner Berlin-Rede, April 1997

Im Alltag können Visionen nicht nur Orientierungspunkte sein, sondern ein Fixstern im Dunkel, der uns die Richtung zeigt und uns ermutigt, weiterzugehen.

Leitfragen Die folgenden Leitfragen sind hilfreich, Ihre Lebensvision noch etwas klarer zu fassen.

SIEBEN LEITFRAGEN FÜR LEITBILD UND LEBENSVISION

1. Was ich bei anderen am meisten bewundere:

....

....

....

2. Glückliche Menschen, die ich kenne, sind glücklich, weil:

....

....

....

3. Wenn ich nicht mehr für meinen Lebensunterhalt arbeiten müsste oder tun könnte, was ich wollte, würde ich am liebsten:

....

....

....

4. Der Grund, warum ich das tun würde, ist:

....

....

5. Meine größten Momente von Glück, Erfolg und Erfüllung:

....

....

....

6. Dinge, die ich am besten kann und die positive Wirkungen und Bedeutung für andere haben:

....

....

7. Manchmal denke ich, dass ich Folgendes unbedingt in meinem Leben tun sollte:

....

....

Leitbild
entwerfen

Schreiben Sie als Nächstes den *ersten Entwurf* Ihres eigenen Leitbildes, Ihrer Lebensvision, Ihres ganz persönlichen Szenarios von Ihrem Lebensziel, Ihr Lebensdrehbuch – wie auch immer Sie es nennen. Dazu drei Hinweise:

Real

- Schreiben Sie Ihr Leitbild *real*, d.h. ganz konkret und bereits so, wie die Zukunft sein wird, wenn Sie das Erwünschte erfolgreich erreicht *haben* – und nicht im Konjunktiv, wie es denn eventuell sein könnte, wenn Sie es ein bisschen versucht hätten.
  Der Hintergrund: Ihr *Unterbewusstsein* denkt einfach und ohne Umwege in klaren Bildern und nicht in fiktiven Annahmen. Sind Ihre geistigen und mentalen Vorstellungen hingegen auf abstrakte Eventualitäten ausgerichtet, programmieren Sie Ihr gesamtes Denken und Handeln nur darauf, wie es zwar sein könnte, aber doch nicht oder nie sein *wird!*

Ich bin ein/e ...

- Wenn Sie vor einem leeren Blatt sitzen und nicht wissen, wie Sie anfangen sollen, beginnen Sie mit folgenden drei Worten und schreiben Sie einfach weiter: »*Ich bin ein/eine ...*«

Einfach
anfangen

- *Einfach anfangen.* In dieser Aufforderung steckt eine doppelte Botschaft:
  Einfach anfangen heißt, daraus keine großartige Prüfungsarbeit zu machen, sondern nach der »KISS«-Formel zu verfahren: Keep It Sweet and Simple!
  Einfach *anfangen* bedeutet auch, sofort loszulegen.

Fünf-Minuten-
Schreib-
Methode

Gleichwohl haben einige immer noch Schwierigkeiten, einen Anfang zu finden. Hier empfiehlt sich die vielleicht etwas extreme, aber sehr wirksame *Fünf-Minuten-Schreib-Methode:*

Setzen Sie sich einfach hin und beginnen Sie, fünf Minuten lang in einem zu schreiben, ohne den Stift auch nur einmal abzusetzen! Wenn Sie glauben, nichts mehr zu Papier bringen zu können, hal-

ten Sie Ihren Stift weiterhin in Schreibhaltung, bis Ihnen wieder etwas einfällt. Machen Sie sich zunächst keine Gedanken über die Inhalte und das Geschriebene, sondern: schreiben Sie, schreiben Sie, schreiben Sie.

Diese Methode liest sich zunächst recht ungewöhnlich, aber es ist erstaunlich, was sie oftmals zutage fördert.

Auch wenn wir keine nachahmenswerten Muster oder Bei- Beispiele für Leitbilder, Lebensvisionenspiele für *Leitbilder, Lebensvisionen* oder *Lebensziele* empfehlen können oder wollen, weil jeder sein eigenes Leben und seine eigene Bestimmung ergründen muss, sind wir in unseren Seminaren doch immer wieder danach gefragt worden. Dem einen oder anderen hilft es bei seiner eigenen Sinnfindung weiter, einmal das Leitbild eines anderen zu lesen.

»Wenn das Leben keine Vision hat,
nach der man strebt,
nach der man sich sehnt,
die man verwirklichen möchte,
dann gibt es auch kein Motiv,
sich anzustrengen.«
Erich Fromm

Beispiel 1: Persönliches Leitbild/Lebensvision eines Versandhandelsunternehmers

»Ich bin ein Mensch mit eigenen Gedanken, Gefühlen, Wünschen und starken und weniger starken Charaktereigenschafen, die mir meine Lebensziele vorgeben.

Im familiären Bereich bin ich die treibende Kraft – zusammen mit meiner Partnerin, um meinen Kindern ein Vorbild zu sein, um ihnen mit Liebe den rechten Weg in einer sozial harten und doch lebenswerten Gesellschaft zu zeigen. Ich bin in jeder Lebenslage, ob Höhe oder Tiefe, zur Stelle, um unvermeidliche Berg-und-Tal-Fahrten gemeinsam zu meistern. Auch in der Erziehung ist ein frühzeitiges Erkennen von Schwierigkeiten unumgänglich, um die Kinder in eine gute Ausbildung zu bringen und um ihnen währenddessen den finanziellen Rahmen zu ermöglichen.

Für meine Partnerin bin ich stets zur Stelle und erkenne Stimmungen und deren Ursachen, ohne erst durch Dritte darauf aufmerksam gemacht zu werden.

Dies alles wirkt sich positiv auf meine berufliche Tätigkeit aus, in der ich mit Begeisterung ans Schaffen gehe, Motivation auf meine Mitarbeiter übertrage, um so das erwartete »Feedback« – den Erfolg für mich und meine Mitarbeiter – zu erhalten. Durch diesen Erfolg, der sich ausschließlich durch meine Mitarbeiter erreichen lässt, schaffe ich ein zufriedenes soziales Umfeld für mein Versandhaus, meine Angestellten und natürlich auch für mich selbst. Ich erhalte dadurch Anerkennung, Lob und die wohl unverzichtbare Zufriedenheit, die mich zu weiteren Innovationen und Aktivitäten führt.

Die Verschmelzung und Koordination von Beruflichem und Privatem wird zu einer der schönsten Angelegenheiten, durch die die beruflichen und privaten Ziele von alleine zustande kommen.«

**Beispiel 2: Persönliches Leitbild/Lebensvision eines
                 Verkaufsberaters in der Automobilindustrie**

»Ich habe mit meiner Frau eine glückliche Beziehung, die auf Liebe, Vertrauen und gegenseitigem Respekt aufgebaut ist. Unsere Kinder empfinden ihre Eltern als Beschützer und Helfer, aber auch als Freunde und Spielgefährten.

Gemeinsam mit meiner Frau betreibe ich eine gutgehende Unternehmensberatung, in der wir eine klare Rollenverteilung haben; während ich die kaufmännische Beratung meiner Partner betreue, schult meine Frau in Tagesseminaren in den Bereichen Mitarbeiterführung und Motivation.

Unsere Kunden kommen gerne zu uns, da sie uns vertrauen und das Gefühl haben, dass wir kompetent sind.

In unserem Freundeskreis sind wir regelmäßig in einer kleinen Gruppe von Leuten eingebunden, die wie wir ein Interesse an echten Beziehungen und nicht nur an oberflächlichen Bekanntschaften haben.

Durch dieses Zusammenspiel von beruflichen und privaten Gemeinsamkeiten führe ich ein harmonisches, unabhängiges Leben, das mich erfüllt.

Wir sehen, wie sehr auch hier familiäre und immaterielle Werte dominieren. Während zu Beginn unserer Seminare in den anfänglichen Übungen zur Visionsfindung bei jüngeren Dynamikern immer wieder z. B. der Ferrari auftaucht, ist er spätestens bei der niedergeschriebenen Version des Lebensleitbildes – zur größten Überraschung der Betroffenen selbst – plötzlich wieder verschwunden, weil jetzt anderes wichtiger geworden ist.

»*Ich fragte mich, ob das der Sinn des Lebens ist, um fünf Uhr früh aufzustehen und abends um sieben Uhr nach Hause zu kommen, obwohl mir die Arbeit keinen Spaß mehr macht.*«
Schauspieler und ›Oberinspektor a. D.‹ Horst Tappert in Focus 2/98 über seinen Ausstieg bei Derrick

Ein Leitbild, eine Vision muss Sinn vermitteln. Nun überführen Sie Ihre jetzigen Träume, Wünsche und Visionen in eine erste langfristige Lebensplanung.

Von der Vision zur Planung

7. Persönliche Lebensplanung

Erste grobe Planung In diesem Schritt geht es um eine erste grobe Lebensplanung für die nächsten 15 bis 20 Jahre.

Die Klostertür

Ein junger Mann war zu Gast in einem Kloster. Bis spät in die Nacht hatte er mit einem der Mönche über sein weiteres Leben gesprochen und bei ihm Hilfe und Orientierung gesucht. Nach Beendigung des Gesprächs traten die beiden auf den langen, dunklen Flur, an dem die Türen zu den Zellen der Mönche lagen. Der Mönch zeigte mit seiner rechten Hand in Richtung des Flurs und bemerkte dabei: »Dein Leben ist ebenso wie dieser lange Flur mit den vielen Türen. Nur an einer Tür kannst du stehen bleiben und eintreten. Überlege dir wohl, mein junger Freund, welche Tür du wählst.«

Tempo! Tempo!

Es war einmal ein Junge, dem ging nichts schnell genug. Während er noch seine Suppe löffelte, verlangte er schon nach dem Pudding. Kaum war die Sonne untergegangen, wollte er den Mond sehen.

Am ersten Schultag fragte er nach den Ferien, und Weihnachten freute er sich auf Ostern.

Von Büchern las er immer nur die letzte Seite, und weil er schneller sprach, als er denken konnte, hielten selbst seine Eltern ihn für einen echten Stotterer. In seiner Hast setzte er seine Füße so ungeschickt voreinander, dass er ständig stolperte. Und natürlich wünschte er sich nichts sehnlicher, als endlich erwachsen zu sein.

Da besuchte ihn eines Nachts im Traum ein Zauberer und sagte: »Ich mache dich erwachsen und schenke dir drei Wünsche obendrein, wenn du mir dafür fünfzig Jahre deines Lebens gibst.«

Der Junge zögerte nicht einen Augenblick und sagte: »Reich will ich werden und mächtig und auch berühmt.« Und so geschah es.

Doch als der reiche Mann in den Spiegel sah, da war er alt.

Und als der mächtige Mann in den Spiegel sah, da war er einsam.

Und als der berühmte Mann in den Spiegel sah, da war seine Stirn voller Sorgenfalten.

Da erschrak er und schrie nach seiner Mutter. Und die Mutter trat an sein Bett und legte ihre Hand auf seine Stirn. Und der Junge wurde wach und sagte langsam und deutlich:

»Muss ich schon aufstehen, oder habe ich noch Zeit?«
(Hans Stempel und Martin Ripkens, aus: Der Lesefuchs, hrsg. von K. Lindner, Stuttgart: Klett, 1990)

MEINE LEBENSPLANUNG BIS ZUM ... LEBENSJAHR
(ZEITRAUM 15–20 JAHRE)

1. Was will ich in einem bestimmten *Alter*, mit etwa ____ Jahren, erreicht haben?

   _____

   _____

   _____

   _____

   _____

2. Welche *Wünsche* möchte ich mir erfüllt haben?
   a) Einkommen, Besitz, Wohlstand?
   b) Anerkennung, Selbstverwirklichung?
   c) Erfahrungen, Erlebnisse, Ereignisse?
   d) Familie, Hobbys, Privates?

   _____

   _____

   _____

   _____

   _____

3. Welches Image hätte ich gern?
   a) während dieser Zeit?
   b) nach meiner Zeit?
   c) im Vergleich mit bekannten Personen?
   d) Was sollen die Menschen von mir sagen, wenn ich einmal nicht mehr bin?

   _____

   _____

   _____

   _____

   _____

4. Welche Leistungen muss ich dafür erbringen, und welchen Nutzen biete ich anderen mit meinen Leistungen (z. B. dem Einzelnen, bestimmten Zielgruppen oder der Gemeinschaft)?

....

....

....

....

....

5. Welche Bedeutung erreiche ich dadurch
   a) für mich persönlich?
   b) für meinen Arbeitgeber oder mein Unternehmen?
   c) für die Mitarbeiter, die in diesem Unternehmen arbeiten?
   d) für die Abnehmer oder Zielgruppen meiner Leistungen?

....

....

....

....

....

6. Welche Wirkungen hat das oben Beschriebene auf mein Leben und darüber hinaus
   a) in sieben Jahren?
   b) in 20 Jahren?
   c) in 50 Jahren?

....

....

....

....

....

Konzept der Lebenshüte Im nächsten Schritt geht es um das Konzept der *Lebenshüte und Lebensrollen,* das Ihnen hilft, eine gewisse Struktur und Grundfestigkeit in Ihr Leitbild zu bekommen und vor lauter Bäumen wieder den Wald zu sehen.

Kapitel 8
Zweiter Schritt: Lebenshüte oder Lebensrollen festlegen

»Die Zukunft kann man am besten voraussagen,
wenn man sie selbst gestaltet.«
Alan Kay, amerikanischer Erfolgslehrer

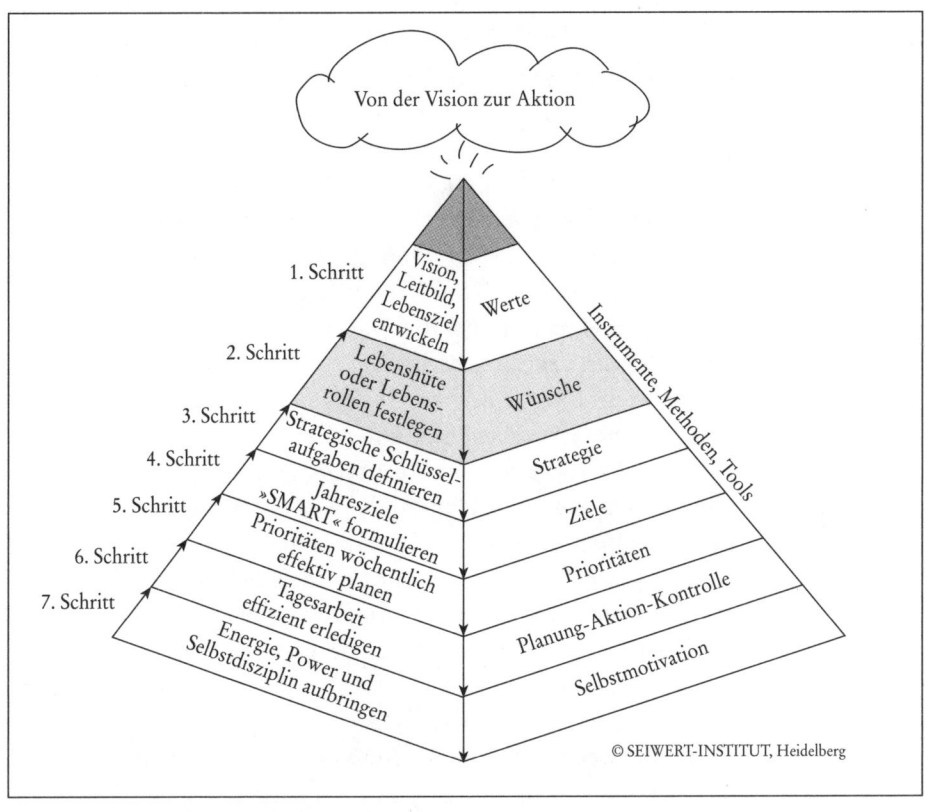

ERFOLGSPYRAMIDE ZUR EFFEKTIVITÄT

8.1 Das Konzept der Lebenshüte

Hüte und
Rollen im Leben In Ihrem Berufs- und Privatleben haben Sie verschiedene *Hüte* auf und füllen alle möglichen *Rollen* aus, in denen Sie Verantwortung tragen (zum Rollen-Konzept vgl. auch Covey, *Die sieben Wege zur Effektivität* und *Der Weg zum Wesentlichen*).

Beruf
- In Ihrem *Beruf* haben Sie mehrere Hüte zugleich auf, z. B. als Verkaufsleiter, Führungskraft, strategischer Vordenker, Mitarbeiter, Projektleiter, Referent oder Dozent, Arbeitskreismitglied oder Verbandsfunktionär.

Privat
- In Ihrem *Privatleben* tragen Sie ebenfalls mehrere Hüte auf Ihrem Kopf, etwa als Ehemann/-frau, Partner/in, Vater/Mutter, Freund/Freundin, Vereinsmitglied, Hobby-Koch, Vermieter, Nachbar oder Nachhilfelehrer.

Günter Gerlach fühlt sich trotz konsequenter Führung seines Zeitplanbuches ständig überlastet und gehetzt. Eine Betrachtung seiner Hüte, die er mit sich herumträgt, ergibt folgendes Bild.

In seinem Beruf ist er zunächst Gebietsverkaufsleiter für einen großen Reifenhersteller, außerdem Führungskraft (ihm sind fünf Bezirksleiter unterstellt), Projektleiter »Iso-Zertifizierung«, TQM-Beauftragter (wurde ihm von der Geschäftsleitung in einer Sitzung aufs Auge gedrückt), Mitglied im Prüfungsausschuss für die Ausbilder-Eignung bei der örtlichen IHK (einer musste es ja machen) sowie Vorstand im örtlichen Marketingclub (wichtig für neue Kontakte); darüber hinaus will er bei den nächsten Wahlen von betrieblichen Interessenvertretern für die Union Leitender Angestellter kandidieren.

In seinem Privatleben ist Günter Gerlach Ehemann und stolzer Vater zweier Töchter und darum auch zweiter Vorsitzender des Elternbeirates, Schatzmeister im Heimatverein; außerdem geht er – wenn er einmal Zeit hat, was relativ selten vorkommt – gerne auf den Golfplatz, um sein Handicap zu verbessern. Bei der letzten Eigentümerversammlung einer familieneigenen Immobilie ließ sich Gerlach (nach mehreren letztlich erfolgreichen Überredungsversuchen einiger Miteigentümer) in den Beirat wählen. Der Ortsvorsitzende einer liberalen Partei ist Gerlach noch immer hinterher, ihn als Kandidaten für die nächste Kommunalwahl zu gewinnen.

Zu viel auf
einmal Vielleicht kommt Ihnen das ein wenig bekannt vor, sicherlich ist Ihnen aber etwas Entscheidendes aufgefallen: Der Hauptgrund, wa-

130

rum viele mit ihrer Zeit Schwierigkeiten haben und mit hoher Drehzahl durchs Leben jagen, liegt darin, dass sie auf zu vielen Hochzeiten tanzen und sich mit zu vielen Dingen auf einmal beschäftigen.

Die wirklichen Zeitprobleme im Leben entstehen, wenn wir zu viele Hüte oder Rollen gleichzeitig ausfüllen wollen.

Zeitprobleme

Berufs- und Privatleben geraten außer Balance, denn viele Führungskräfte und Mitarbeiter lassen sich von ihren vielen beruflichen Aktivitäten und Prioritäten so sehr vereinnahmen, dass Gesundheit, Familie, private Beziehungen, kulturelle Interessen und Hobbys auf der Strecke bleiben.

Leben außer Balance

»Wer bedauert auf dem Sterbebett, dass er nicht mehr Zeit im Büro verbracht hat?«
Stephen R. Covey

Bei uns hat sich bereits bei einigen Führungskräften und Mitarbeitern ein entscheidender Wertewandel vollzogen. Die überwiegende Zahl der Teilnehmer erwartete noch vor zehn oder 15 Jahren von den Seminaren, die Arbeitszeit besser zu nutzen, effizienter zu werden und in weniger Zeit mehr zu erledigen etc. Seit einigen Jahren jedoch wächst der Wunsch nach einer höheren *Zeitqualität* immer stärker, d. h., mehr Zeit zu haben für sich selbst, für die Familie, für Hobbys, für Kreativität, für Freizeit und Muße oder auch einfach nur für das Nichtstun ...

131

8.2 Eigene Lebenshüte definieren

Lebenshüte als Gerüst für Vision

Die Strukturierung Ihrer Lebensprioritäten und Ihrer Aktivitäten nach *Hüten* oder *Rollen* stellt ein natürliches Gerüst dar, um das herum Sie Ihre Lebensvision aufbauen können.

Mehrere Hüte gleichzeitig

Wir alle tragen immer mehrere *Hüte* zugleich auf unserem Kopf und leben unser Leben in Form bestimmter *Rollen* – nicht wie im Theater, aber in realen Lebenskategorien, die wir entweder freiwillig gewählt haben oder in die wir aufgrund äußerer Umstände irgendwie hineingeraten sind: im Beruf, in der Familie oder in der Gemeinschaft.

Auf Weniges konzentrieren

Die Kunst liegt in der Beschränkung auf das Wesentliche: *Weniger ist auch hier mehr!* Definieren Sie in der nächsten Übung Ihre Lebenshüte oder Lebensrollen und überlegen Sie, welche Ihnen wirklich wichtig und für Sie unverzichtbar sind.

ÜBUNG: MEINE LEBENSHÜTE, MEINE LEBENSROLLEN

1. Denken Sie über alle *Hüte,* die Sie zurzeit mit sich herumtragen, und die Schlüsselrollen in Ihrem Leben nach.
Überlegen Sie in diesem Zusammenhang:
   • Wer ist *von mir* abhängig?
   • Von wem bin *ich* abhängig?
Schreiben Sie alle Lebenshüte und Lebensrollen jeweils in ein extra Kästchen:

---

2. *Bewerten* Sie Ihre Hüte und Rollen mit entsprechenden »Smileys«. Sind die Hüte für Sie eher
   • mit angenehmen Gefühlen, ☺
   • gleichgültigen Gefühlen oder ☺
   • mit unangenehmen Gefühlen ☹
   verbunden? Setzen Sie sich insbesondere mit den unangenehmen Rollen auseinander und fragen Sie sich, ob Sie sich weiter mit diesen Hüten belasten sollten.

3. Falls erforderlich, reduzieren Sie jetzt Ihre Lebenshüte auf *maximal sieben.* Im Zweifelsfall fragen Sie sich:
   • Will ich diese Rolle, diesen Lebenshut überhaupt wirklich?
   • Was würde passieren, wenn ich darauf verzichten und ganz einfach loslassen würde?
   Bei Bedarf können Sie auch mehrere Rollen zusammenfassen, z. B. zusätzliche familiäre Verpflichtungen als Sohn oder Tochter, Enkel, Cousin, Onkel, Tante zu *einer* Rolle »Verwandtschaft«.

4. Tragen Sie nun Ihre *Lebenshüte* in die Grafik ein:

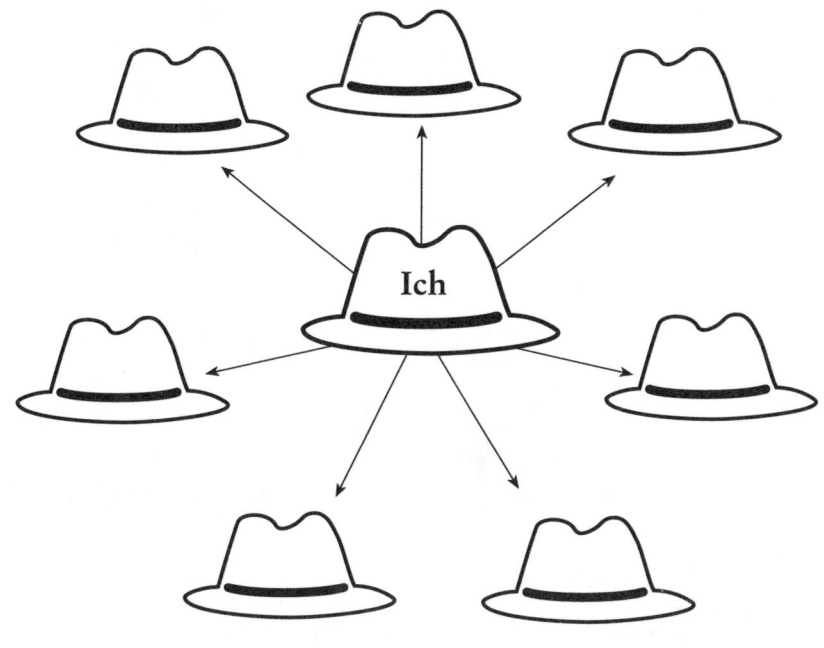

Auf sieben reduzieren Gerade die Reduzierung der eigenen Hüte und Rollen auf maximal sieben bereitet häufig enorme Schwierigkeiten, doch hierzu gibt es keine Alternative.

Konzentration auf das Wesentliche Nur die konsequente Konzentration auf das Wesentliche bei den beruflichen wie privaten Lebenshüten garantiert Erfüllung, Ausgewogenheit und Lebenserfolg.

Loslassen Der Mensch ist nun einmal ein Gewohnheitstier. Vielen fällt es äußerst schwer, sich von langjährigen Ehrenämtern, Pöstchen und ähnlichen Verpflichtungen zu lösen und damit einhergehende, lieb gewonnene Rituale aufzugeben. Aber jeder Ballonfahrer weiß:

Wenn Sie weiter nach oben wollen,
müssen Sie Ballast abwerfen.

Oder anders formuliert:

»Wenn du loslässt, hast du zwei Hände frei.«
Alte chinesische Lebensweisheit

Es gibt Hüte und Rollen, die wir auf gar keinen Fall ablegen können und sollen, etwa im familiären Bereich:

Unabdingbare
Lebenshüte

- Wer Kinder hat, findet sich automatisch in der biologisch bedingten *Elternrolle*.

Eltern

- Wer in einer Beziehung lebt, hat automatisch einen Hut als *Ehe-* oder *Lebenspartner* auf.

Partnerschaft

- Wer die Verantwortung für Mitarbeiter trägt, hat automatisch eine *Führungsrolle*.

Führung

- Wer einen Beruf ausübt, hat automatisch eine berufliche *Hauptaufgabe* als Hut auf – in der Regel das, wofür Sie eigentlich bezahlt werden.

Hauptaufgaben

- Wer intensiv oder exzessiv einem *Hobby* nachgeht, hat automatisch auch hierfür einen entsprechenden Hut auf.

Hobbys

- Wer gerade beruflich oder privat in ein großes Projekt, z. B. den Hausum- oder -neubau, eingebunden ist, hat während der gesamten Dauer einen *Hut auf Zeit* auf, z. B. als Häuslebauer, Abendabiturient, Projektleiter Betriebsratswahlen etc.

Hüte auf Zeit

Mit diesen »automatischen« Hüten oder Rollen werden schnell drei, vier oder fünf Positionen Ihres sternförmigen *Hüte*bildes auf Seite 133 ausgefüllt sein. Es geht daher vornehmlich um die vielen »Nebenrollen«, in denen wir uns so leicht verlieren können. Viele wollen einfach zu viel – und unsere regelmäßige wöchentliche Lebenszeit ist, wenn wir einer »normalen«, d. h. regelmäßigen beruflichen Betätigung nachgehen, einfach zu kurz, um allen diesen Möchtegern-Aktivitäten Zeit und Raum zu geben. Wer es trotzdem probiert, beschleunigt zu sehr auf eine erhöhte Drehzahl. Dies geht zulasten seiner persönlichen Lebensqualität, und dabei geht wiederum das gesunde Maß für die richtigen Proportionen im Leben verloren.

Nebenrollen in
den Griff bekommen

Ihr *Leitbild* und Ihre *Lebensvision* werden sehr viel ausgewogener und im Alltag leichter umsetzbar sein, wenn Sie diese nach Ihren Lebenshüten aufbauen und mit Inhalt füllen. Sie stellen sicher, dass Sie sich nicht zu sehr von einer Rolle vereinnahmen lassen. Durch das Konzept der Lebenshüte gibt es keine Trennung zwischen beruflichem und privatem Bereich mehr. Das alte Paradigma des Entweder-Oder-Denkens wird durch das bereits im Taoismus bekannte Sowohl-Als-auch ersetzt. Berufs- und Privatleben bilden eine Einheit.

Ausgewogenes
Leitbild

8.3 Mini-Leitbilder verfassen

Bezugspersonen Der Mensch ist ein soziales Wesen. Im Grunde genommen haben alle unsere Hüte und Rollen mit anderen Menschen als Bezugspersonen zu tun. Sie sind Zielgruppe und Maßstab für unseren Erfolg und Richtschnur für die Effektivität unseres Tuns.

Berufliches und privates Umfeld In Ihrem Beruf haben Sie vermutlich einen Chef, Sie haben wichtige Kunden, Mitarbeiter, Kollegen und Geschäftspartner, deren Respekt oder Wertschätzung Sie gern verdienen wollen. In Ihrem privaten Umfeld sind es Familienmitglieder, Freunde, Bekannte, Vereinskollegen und Gemeindemitglieder, die Sie mögen und für die Sie menschlich einen Wert darstellen wollen.

Anerkennung Wir haben ein soziales Grundbedürfnis nach Anerkennung, Zuspruch und Aufmerksamkeit und wollen unserer Nachwelt positiv in Erinnerung bleiben.

Fragen Sie sich, was es *konkret* heißt, ein »guter« Verkaufsleiter, ein »guter« Vater, ein »guter« Ehe- oder Lebenspartner oder ein »guter« Vereinsvorsitzender zu sein.

Mini-Leitbilder Mit den *Mini-Leitbildern* verleihen Sie Ihren Lebenshüten eine besondere Qualität. Die Leitbilder vermitteln Ihnen eine konkrete Orientierung im Alltag und dienen als praktisches Werkzeug, die jeweils richtigen Prioritäten zu setzen und zu leben.

Lebenshüte *Lebenshüte* sind zunächst leere Gefäße oder Worthülsen, die es gilt, mit Inhalt zu füllen. Wenn Ihnen z. B. Mitarbeiter anvertraut sind, haben Sie auf jeden Fall einen »Führungshut« auf:

Name • Zum einen stellt sich die Frage, wie Sie diesen Hut bzw. diese Rolle selbst titulieren. Verstehen Sie sich im Hinblick auf Ihre Mitarbeiter eher als Vorgesetzter und Chef oder als etwas anderes, z. B. Vorbild, Teamleiter, Motivator, Visionär oder Coach?

Konkret • Zum anderen sollten Sie der Frage nachgehen, was es denn *konkret* heißt, ein »guter« Chef oder eine »gute« Führungskraft oder ein »guter« Teamleiter für Ihre Mitarbeiter zu sein.

ÜBUNG: »88. GEBURTSTAG«

Stellen Sie sich vor, es ist Ihr 88. Geburtstag. Lassen Sie verschiedene vertraute Menschen vor Ihrem geistigen Auge erscheinen. Nehmen wir einmal an, diese Bezugspersonen repräsentieren die Lebenshüte, die Sie momentan in Ihrem Leben einnehmen, am besten, wie z. B.

- Ihr Chef oder Ihr wichtigster Kunde für Ihre berufliche Hauptaufgabe,
- ein/e Mitarbeiter/in für Ihren Führungshut,
- Ihr Ehe- oder Lebenspartner für Ihren Partnerhut,
- Ihr/e Sohn oder Tochter für Ihre Elternrolle.

Nehmen wir ebenfalls an, dass Sie diese Hüte und Rollen engagiert, positiv und in ganz besonderer Weise bis zu Ihrer Leistungsgrenze ausgefüllt haben – was würden diese Personen im Sinne einer kleinen Laudatio wohl sagen?

An welche Ihrer Charaktereigenschaften würde man sich besonders gerne erinnern?

Welche besonderen Wirkungen und Impulse sind von Ihnen ausgegangen, welche Schwerpunkte, an die man noch lange zurückdenken wird, haben Sie gesetzt?

Was haben Sie Besonderes dazu beigetragen, dass durch Ihr Wirken das Leben dieser und anderer Personen etwas »besser« gewesen ist?

Beispiel

Lebenshut	Bezugsperson	Laudatio
Freund	Günter Gerlach	*Er (= Sie!) war die Art von Mensch, die immer sofort zur Stelle war, wenn es irgendwo etwas anzupacken galt oder Hilfe und Unterstützung gebraucht wurde.*

Aufgabe

Tragen Sie nach diesem Raster Ihre Lebenshüte und die betreffende Bezugsperson in die nachstehenden Kästchen ein.

Formulieren Sie jeweils eine entsprechende Laudatio – quasi ein kleines Leitbild für jeden einzelnen Lebenshut.

Lebenshut	Bezugsperson	Laudatio

Beispiel: Mini-Leitbild »Geschäftsstellenleiter«

»Meine Kollegen und Mitarbeiter sind für mich gleichberechtigte Partner, denen ich mit Ehrlichkeit und Zuverlässigkeit begegne. Meinen Erfolg erziele ich nur mit meinem Team; daher steht für mich das Wohl der Geschäftsstelle und meines Teams über dem Wohl einzelner Interessen.

Ich bin Vorbild und Visionär, um für das gesamte Team nicht nur heute, sondern auch in der Zukunft den gemeinsamen Erfolg zu gewährleisten.«

Die Übung *»88. Geburtstag«* macht Ihnen die Bedeutung Ihrer Lebenshüte bewusst und hilft Ihnen, *konkrete* Formulierungen für ein werteorientiertes Leitbild zu finden. So können Sie sich noch konsequenter auf die wichtigen Dinge in Ihrem Leben *konzentrieren*. Die Reflexionen über Ihre Bezugspersonen und deren erwünschte Lobreden bilden den unmittelbaren Einstieg, kleine Leitbilder für jeden einzelnen Lebenshut zu verfassen.

Rückwärts-
betrachtung

Nehmen Sie jetzt die fiktiven Lobreden Ihrer Bezugspersonen, um kleine Leitbilder für jeden einzelnen Lebenshut zu verfassen.

Schreiben Sie jetzt ein kleines Leitbild für alle Ihre Lebenshüte. Mit dieser Methode gelingt es Ihnen, Ihr *visionäres Leitbild* zu konkretisieren und für den *Alltag* verfügbar zu machen.

Leitbild für
Lebenshüte

ÜBUNG:
MINI-LEITBILDER FÜR MEINE LEBENSHÜTE/-ROLLEN

Kapitel 9
Dritter Schritt: Strategische
Schlüsselaufgaben definieren

»Wenn es ein ›Geheimnis‹ der Effektivität gibt,
so heißt es Konzentration.«
Peter F. Drucker

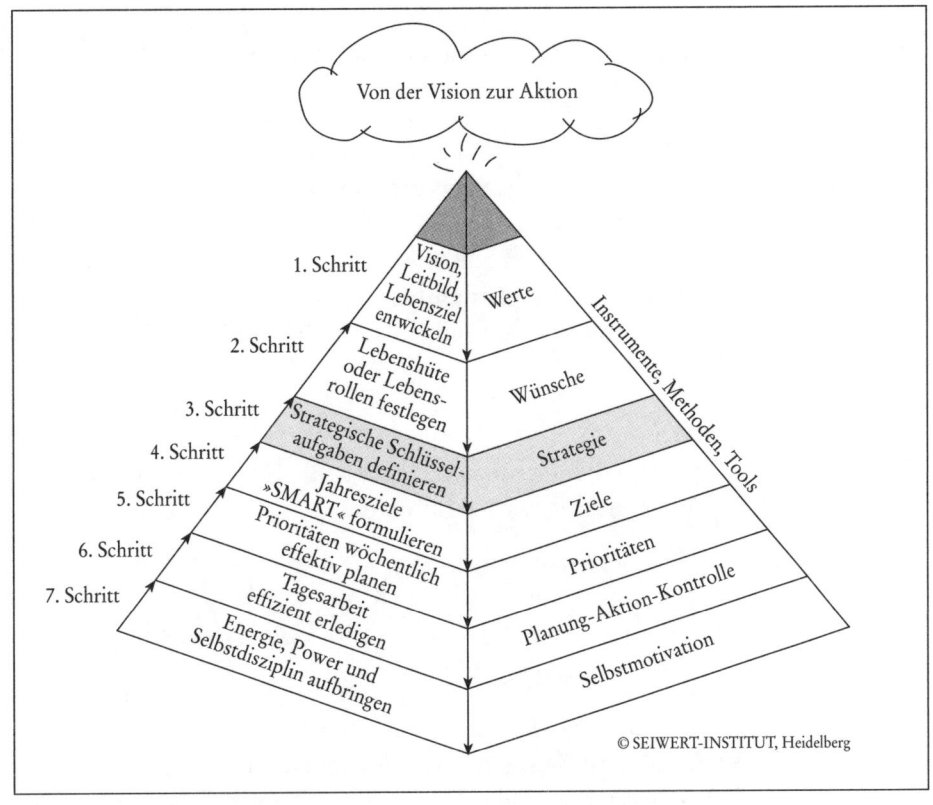

ERFOLGSPYRAMIDE ZUR EFFEKTIVITÄT

9.1 Strategisches Zeitmanagement

Zeit als größter Engpass

Bevor Sie mit der konkreten Zielsetzung und der operativen Planung beginnen, empfiehlt es sich zunächst, auf der *strategischen* Ebene über Ihre Zeit und Ihre Prioritäten nachzudenken. Denn Zeit stellt den größten Engpass dar, den wir in unserem Leben haben.

Strategie: Konzentration auf das Wesentliche

Zeit als Engpassfaktor sollte daher strategisch richtig genutzt werden. *Strategie* umfasst die Lehre vom richtigen Einsatz der eigenen Kräfte und Mittel. Die wichtigste Voraussetzung dafür ist die *Konzentration* der Kräfte. Nur so können Sie die gewünschten Erfolge auf effektivste Weise erzielen. Wer sich hingegen verzettelt, erreicht nur Durchschnittliches. Man kann nur auf wenigen Gebieten hervorragende Resultate erzielen.

> Es kommt darauf an, sich auf Wesentliches und Weniges zu fokussieren.

Gefahr der Verzettelung

Gerade der übliche Arbeitsalltag birgt die Gefahr, sich mit Dutzenden von verschiedenen Angelegenheiten zu beschäftigen, die permanent auf einen einstürmen. Wer jedoch sein Gewicht auf das Wesentliche legt, nämlich darauf, was in unmittelbarem Einklang mit seinem Leitbild steht, lebt und arbeitet letztlich *effektiv*.

Konsequente Konzentration

> Strategisches Zeitmanagement bedeutet eine konsequente Konzentration der Kräfte auf das,
>
> - was Sie am besten können,
> - was Ihnen am meisten Spaß macht und
> - womit Sie im Hinblick auf Ihre Lebensvision die größte Wirkung erzielen können.

Schlüssel zur Effektivität

In der Managementlehre wurde viel zu lange nach der idealen Führungskraft gesucht. Der Schlüssel zum Erfolg wurde in bestimmten Eigenschaften, Fähigkeiten und Persönlichkeitsstrukturen vermutet. Zahlreiche Untersuchungen haben jedoch gezeigt, dass es diesen Idealtyp nur auf dem Papier gibt. Der Schlüssel zur Effektivität scheint in der richtigen geistigen Einstellung und einigen fundamentalen Regeln des Selbstmanagements zu liegen.

Resultate, ganz besonders die richtigen Resultate, so Fredmund Malik vom Management-Zentrum St. Gallen, kann man nur erzielen, wenn man sich über den Beitrag klar ist, den man im Rahmen der Organisation zum Gesamtziel beisteuern will. Einen entscheidenden Beitrag kann jemand aber nur leisten, wenn er seine Stärken und Erfolgspotenziale kennt, wenn er weiß, was er wirklich kann, und darauf aufbaut.

Resultate als Beitrag zum Ganzen

Klarheit über den Beitrag zu Lebens- und Leistungszielen führt zur Konzentration auf die richtigen Prioritäten. Dies wiederum ist das wichtigste Steuerungselement für den richtigen Umgang mit der Zeit, die für die Erzielung von Resultaten – beruflich wie persönlich – zu verwenden ist.

Richtige Prioritätensetzung

Jede erfahrene Führungskraft, aber auch jeder Mitarbeiter weiß, wie schwierig es ist, sich selbst und andere auf *Ziele* hin zu orientieren. Es bedarf kontinuierlicher und systematischer Anstrengungen, dies zu erreichen. Was wirklich zählt, sind weder die geleistete Arbeit noch die entstandenen Mühen und Anstrengungen, sondern ausschließlich die erzielten *Resultate*. Am Ende eines Tages sollte sich jeder nicht fragen, wie viel er oder sie gearbeitet hat, sondern was damit erreicht wurde: Inwieweit sind Sie den Rollen in Ihrem Lebensdrehbuch oder den Wunschvorstellungen, beschrieben in Ihren Lebenshüten, ein kleines oder großes Stück näher gekommen?

Orientierung an Zielen und Resultaten

*Ein Meinungsforscher befragte drei Arbeiter in einem Steinbruch,
die alle damit beschäftigt waren, Steine zu klopfen, warum sie
diesen harten Job überhaupt machten:*

- *Der Erste antwortete, stupide und lustlos auf einen Stein klopfend: »Ich verdiene damit meinen Lebensunterhalt.«*
- *Der Zweite antwortete, relativ motiviert und kräftig einen
  Stein klopfend: »Ich bin der beste Maurer hier.«*
- *Der Dritte antwortete, vollauf begeistert und schwungvoll seinen Stein weiterklopfend: »Ich helfe mit, eine Kathedrale zu
  bauen.«*

Während der erste Maurer seine Arbeit nur als lästige Pflicht und
große Belastung empfindet und stündlich den Feierabend herbei-
sehnt, handelt es sich beim zweiten Maurer um den typischen
Spezialisten, der nicht nach dem Warum fragt. Der Dritte jedoch
fragt sich, *wozu* er das, was er tut, überhaupt tut, *wem* das etwas
nützt und *was* er tun muss, damit es jemandem nützt.

In diesem Zusammenhang sollten auch Sie sich die Frage stellen, worin Ihr Beitrag – beruflich wie persönlich – zum Ganzen
besteht bzw. ab heute bestehen soll, etwa warum Sie auf der
Lohnliste Ihres Unternehmens stehen. Ihre Antwort kann wie
folgt beginnen (bitte ergänzen!):

Ich sorge dafür, dass _____

_____

_____

Klare, verständliche und überzeugende Antworten für sich selbst
und andere auf diese Frage zu finden, ist eine wichtige strategische Aufgabe des Zeit- und Selbstmanagements.

9.2 Konzentration auf Stärken

»Wer sich auf seine Stärken konzentriert,
kann seine Schwächen zunächst vernachlässigen.«
Wolfgang Mewes, Urheber der EKS-Strategie

Die größte Wirksamkeit oder Effektivität bei Ihren Aktivitäten erzielen Sie, wenn Sie sich auf Ihre *Stärken* konzentrieren.

Viele Menschen glauben jedoch, dass sie ihre *Schwächen* bekämpfen müssen, um erfolgreich zu werden. Sie konzentrieren sich darauf, alles Mögliche zu lernen und zu verbessern. Das erweist sich jedoch aus zwei Gründen als sinnlos: Stärken statt Schwächen

- Erstens werden Sie lediglich *durchschnittlich,* wenn Sie Ihre Stärken zugunsten Ihrer Schwächen vernachlässigen.
- Zweitens werden Sie unweigerlich *demotiviert,* wenn Sie sich mit Ihren Schwächen beschäftigen.

Jeder Mensch hat wie jedes Unternehmen *spezielle Stärken.* Seine Kombination aus Fähigkeiten, Erfahrungen und Know-how kann so einzigartig wie ein Fingerabdruck sein. Zu den speziellen Stärken gehören auch Ziele, Wunschvorstellungen, Vorbilder, Leitbilder und Visionen. Sie steuern – bewusst oder unbewusst – die eigene Entwicklung in eine positive oder negative Richtung. Spezielle Stärken

Jede Organisation benötigt Resultate und Spitzenleistungen auf den richtigen Gebieten, nicht zuletzt aufgrund des nationalen und internationalen Wettbewerbdrucks. Jede moderne Gesellschaft ist auf *Spitzenleistungen* in allen Bereichen angewiesen. Sie können besonders dann vom Einzelnen erbracht werden, wenn er auf seinen vorhandenen Stärken und natürlichen Begabungen aufbaut. Spitzen-leistungen

Persönliche *Effektivität* besteht somit darin, sich vorurteilsfrei zu fragen: Persönliche Effektivität

- Was kann ich wirklich besser als andere?
- Was fällt mir besonders leicht zu tun?
- Wo liegen meine wirklichen Stärken?

Je ausgeprägter die Stärken einer Person sind, um so größere Schwächen hat sie gleichzeitig. Wir haben jedoch in unserer Ent- Leistungs-fähigkeit wicklung viel zu sehr gelernt, uns mit dem zu befassen, was wir *nicht* gut können oder wollen. Es liegt auf der Hand, dass dort, wo jemand seine Schwächen hat, er nie besonders gute Leistungen erbringen wird.

Spitzenleistungen werden häufig freiwillig erbracht, weil es den meisten Spaß macht, dort hervorragende Resultate zu erzielen, wo Sie gut sind und Ihre natürlichen Veranlagungen es Ihnen leicht machen.

Setzen von richtigen Prioritäten Im normalen Arbeitsalltag müssen sich die meisten oft mit vielerlei Dingen beschäftigen, auch wenn sie nur auf wenigen Gebieten hervorragende Resultate erzielen können. Die Orientierung auf einen wirklichen, wesentlichen Beitrag für das Ganze und die Beschränkung auf die Nutzung der eigenen Stärken führt so automatisch zu den richtigen Prioritäten und effektivem Gebrauch der Zeit.

Stärken: Motivation Die individuelle und organisatorische Effektivität und Motivation sind um so größer, je besser es gelingt, jeden Einzelnen dort seinen Beitrag leisten zu lassen, wo er seine Stärken hat. Dort wird er auch seine größten Erfolge haben.

Lebenshüte In diesem Zusammenhang fragen Sie sich vor dem Hintergrund Ihrer Lebenshüte,

Wirkung • womit Sie mit Ihrem Tun jeweils die größte Wirkung erzielen können und

Konzentration • worauf Sie sich in den nächsten ein bis drei Jahren vornehmlich konzentrieren sollten.

Schlüsselaufgaben Diese Aktivitäten nennen wir *Schlüssel- oder Kernaufgaben (Assignments)*.

Erste Priorität Schlüsselaufgaben konkretisieren, was für die nächste überschaubare Zeitperiode (ein bis drei Jahre) die absolute *Priorität* haben muss.

Sie helfen uns, die im Rahmen der Lebenshüte formulierten Leitbilder in greifbare Handlungsfelder zu überführen.

9.3 Schlüssel- oder Kernaufgaben (Assignments)

Es reicht aber nicht aus, seinen Lebenshut oder seine Rolle als Personalleiter, Verkaufstrainer oder Marktmanager zu definieren; das steht auch im Arbeitsvertrag oder auf der Visitenkarte. Es handelt sich nämlich nicht um eine Aufgabe, sondern nur um eine Stelle oder Position. — *Stellenbezeichnung*

Es kommt vielmehr darauf an, zu identifizieren und festzulegen, was etwa ein Personalleiter im Einzelnen *konkret tut*, um seinen Job oder seine Rolle erfolgreich auszufüllen. Dazu gehört z. B. qualifizierte Mitarbeiter für eine in zwei Jahren zu eröffnende Niederlassung zu beschaffen, ein Zweigwerk mittels Sozialplan personalmäßig auf null herunterzufahren oder eine flexible Arbeitszeitorganisation einzuführen. — *Konkrete Tätigkeiten*

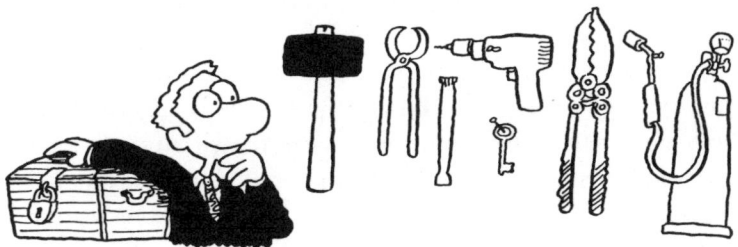

Verkaufsleiter erscheinen von ihrer Position oder Rolle auf dem Papier her zunächst völlig gleich, aber es macht einen großen Unterschied und erfordert völlig andere Aktivitäten, ob — *Beispiel: Verkaufsleiter*

a) die vorhandene Produktpalette weiterhin verkauft oder das Sortiment um 50 % gestrafft werden soll;
b) die vorhandenen Stammkunden betreut oder neue Kunden hinzugewonnen werden sollen;
c) mit dem jetzigen, überalterten Außendienst weiter wie bisher gearbeitet oder mit einer neuen verjüngten Mannschaft der Wettbewerber aggressiv attackiert werden soll.

Ebenso macht es für den *Marktchef* eines Einzelhandelsgeschäfts einen großen Unterschied und erfordert völlig andere Fähigkeiten und Tätigkeiten, ob sein Auftrag lautet: — *Beispiel: Marktchef*

a) einen neuen Standort zum Erfolg zu führen und ihn nach zwei Jahren im Bereich der schwarzen Zahlen zu haben;

b) innerhalb von zwei Jahren eine klar erkennbare, für den Kunden nachvollziehbare Wettbewerbsstärke zu entwickeln

c) oder das Inventurergebnis von 1,58 % minus auf mindestens 0,5 % minus innerhalb eines Jahres zu senken.

Strategische Prioritäten

Einigen wenigen Erfolgreichen sind ihre Schlüsselaufgaben sofort klar und sie handeln konsequent danach. Die meisten Leute aber muss man auf ihre strategischen Prioritäten aufmerksam machen und sie speziell daraufhin ausrichten und fokussieren.

Auf wenige Punkte konzentrieren

Von entscheidender Bedeutung ist, sich bei seinen *Schlüsselaufgaben* auf einige wenige Punkte zu konzentrieren. Beim ersten Durchgang kommen Sie vielleicht auf eine längere Liste mit acht, zehn oder zwölf Kernaufgaben. Das ist in aller Regel viel zu viel und führt unweigerlich zur Verzettelung. Der Schlüssel für Effektivität und Erfolg liegt – wie bereits herausgearbeitet – in der *Konzentration auf einige wenige,* wirklich wesentliche Aufgaben. Jeder kann sich mit 20, 30 oder 50 Dingen beschäftigen, aber niemand kann auf all diesen Gebieten gleichermaßen effektiv und erfolgreich sein. Die Kunst der richtigen Prioritätensetzung liegt in einem strategischen Durchdenken der möglichen Aufgabenbereiche Ihrer beruflichen wie privaten Lebenshüte und -rollen und einem konsequenten Zusammenstreichen aller Möchtegern-Aktivitäten. Weniger – es muss immer wieder hervorgehoben werden – ist eben mehr!

Wenige Schlüsselaufgaben

Es gibt Führungskräfte, die sich pro Jahr nur eine *einzige Schlüsselaufgabe* vornehmen und diese mit aller Konsequenz verfolgen. Wenn es zu zwei, drei oder vier Kernaufgaben kommt, ist dies auch in Ordnung, es müssen aber *wenige* sein.

Ziele

Schlüssel- oder Kernaufgaben (Assignments) führen zur Konzentration auf wesentliche Ziele.

Ziele

Das Schaubild zeigt die Zusammenhänge zwischen Leitbild, Lebensrollen, Schlüsselaufgaben und Prioritätenplanung.

Zusammenhänge

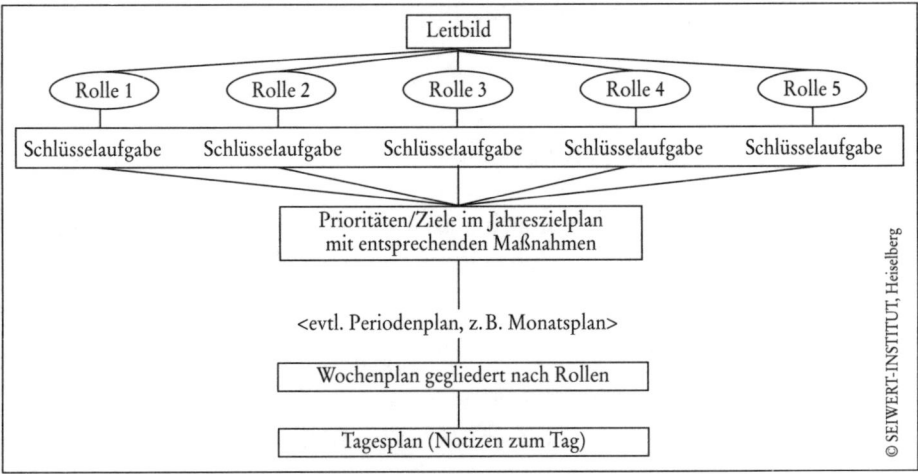

SCHLÜSSELAUFGABEN IM KONTEXT VON LEITBILD, LEBENSROLLEN UND PRIORITÄTENPLANUNG

Neben dem beruflichen Bereich lassen sich Schlüsselaufgaben ebenso für *private* Dinge formulieren:

Private Schlüsselaufgaben

Ein Seminarteilnehmer hatte sich für die Dauer von drei Jahren zum ersten Vorsitzenden seines örtlichen Fußballvereins wählen lassen mit dem Ziel, eine möglichst erfolgreiche Figur als Vereinsvorsitzender abzugeben, über den man noch Jahre später gerne spricht. Als Schlüsselaufgabe für seine Amtszeit definierte er den »Aufstieg in die Amateur-Oberliga«. Daraus ergaben sich folgende Jahresziele:

Beispiel: Sportverein

- *im ersten Jahr neue Geldquellen erschließen und Sponsoren gewinnen,*
- *im zweiten Jahr mehrere Spitzenspieler und einen guten Trainer verpflichten,*
- *im dritten Jahr das Stadion ausbauen und den ersten Tabellenplatz für den Aufstieg in die Oberliga erreichen.*

In der Definition der Vater-Rolle könnte es u. a. heißen, seinen Kindern den bestmöglichen Start ins Leben zu ermöglichen. Die Schlüsselaufgabe für die nächsten drei Jahre könnte darin liegen, einen guten Ausbildungsplatz zu finden. Das bedeutet z. B. im ersten Jahr Unterstützung, gute Schulnoten zu erreichen, im zweiten Jahr möglichst viele Betriebe über Praktika kennen zu lernen und im dritten Jahr erfolgreiche Bewerbungen für den gewünschten Ausbildungsplatz zu platzieren.

9.4 Umsetzung in die Praxis

Schlüsselauf-
gaben definieren Sie sollten sich nun ein paar Gedanken über Ihre beruflichen und persönlichen *Schlüsselaufgaben* machen. Es bietet sich zwar an, die

---

ÜBUNG:
MEINE BERUFLICHEN UND PERSÖNLICHEN
SCHLÜSSELAUFGABEN

Stellen Sie sich die Fragen:

- Was will und muss ich in der nächsten Zeit beruflich wie privat tun, um *erfolgreich* zu sein?
- Was ist aus heutiger Sicht die *wichtigste* Aufgabe? Was würde mir am *schnellsten* helfen, meinem Leitbild näher zu kommen?
- Worauf will ich mich in den nächsten 18 bis 36 Monaten *konzentrieren*?

Schlüsselaufgaben zu Jahresbeginn herauszuarbeiten, aber auch jeder andere Zeitpunkt ist günstig: »*Wenn nicht jetzt – wann dann?*«

Die Formulierung von Kernaufgaben für Ihre Lebenshüte und Lebensrollen sollte in keiner Weise zu einer Trennung von Beruf und Privatleben oder zur ausschließlichen Orientierung am Beruf führen. Beide Bereiche müssen integriert und ausbalanciert werden. **Balance von Beruf und Privatem**

Das Arbeitsblatt *Meine Schlüsselaufgaben* können Sie auch als Kopiervorlage z. B. fürs Zeitplanbuch zur erfolgreichen Weiterarbeit an Ihrer beruflichen und persönlichen Effektivität verwenden. **Arbeitsblatt**

Meine Schlüsselaufgaben

Körper: • Stressmanagement- / Entspannungsmethoden erlernen
• Gewicht durch Ernährung + Bewegung reduzieren

Leistung: • Führungsqualifikation u. Rhetorik verbessern
• Verhandlungssicheres Englisch beherrschen

Kontakt: • Golf-Freundschaften reaktivieren und pflegen
• Supervisionsgruppe „Telefon-Seelsorge" betreuen

Sinn: • Die zweite Lebenshälfte bewußt gestalten
• Meditation erlernen und praktizieren

Lebenshut: drilbox - Geschäftsführer
Aktivitäten: • Firma für den Börsengang fitmachen
• Schlanke Organisationsstruktur einführen

Lebenshut: tempus - Geschäftsführer
Aktivitäten: tempus mit seiner Philosophie zur No. 1 auf dem
deutschen Zeitplanbuchmarkt machen

Lebenshut: AGP - Bundesvorsitzender
Aktivitäten: • Den Verein in die Gewinnzone führen
• Geeigneten Nachfolger finden und einarbeiten

Lebenshut: Ehemann
Aktivitäten: Elfi zu einer neuen Stufe der Entfaltung
ihrer Gaben helfen

Lebenshut: Vater
Aktivitäten: Friedbert eine optimale Ausbildung ermöglichen

Lebenshut: Hobbykoch
Aktivitäten: Ayurvedische Küche im Ursprungsland
erfahren und erlernen

Lebenshut: OASE - Gemeindeleitung
Aktivitäten: Gemeinde - Mitarbeiter schulen und entwickeln

© tempus® und SEIWERT-INSTITUT, Heidelberg. Formular ①, Best.Nr. BF 90

BEISPIEL:
SCHLÜSSELAUFGABEN NACH LEBENSHÜTEN

Meine Schlüsselaufgaben

◆ **Zeit-Balance**

Körper:

Leistung:

Kontakt:

Sinn:

🎩 **Lebenshut:**
Aktivitäten:

🎩 **Lebenshut:**
Aktivitäten:

🎩 **Lebenshut:**
Aktivitäten:

🎩 **Lebenshut:**
Aktivitäten:

🎩 **Lebenshut:**
Aktivitäten:

🎩 **Lebenshut:**
Aktivitäten:

🎩 **Lebenshut:**
Aktivitäten:

FORMULAR:
SCHLÜSSELAUFGABEN

Kapitel 10
Vierter Schritt: Jahresziele »SMART« formulieren

»Ein Ziel ist ein Traum mit Deadline.«
Leo B. Helzel, University of California, Berkeley

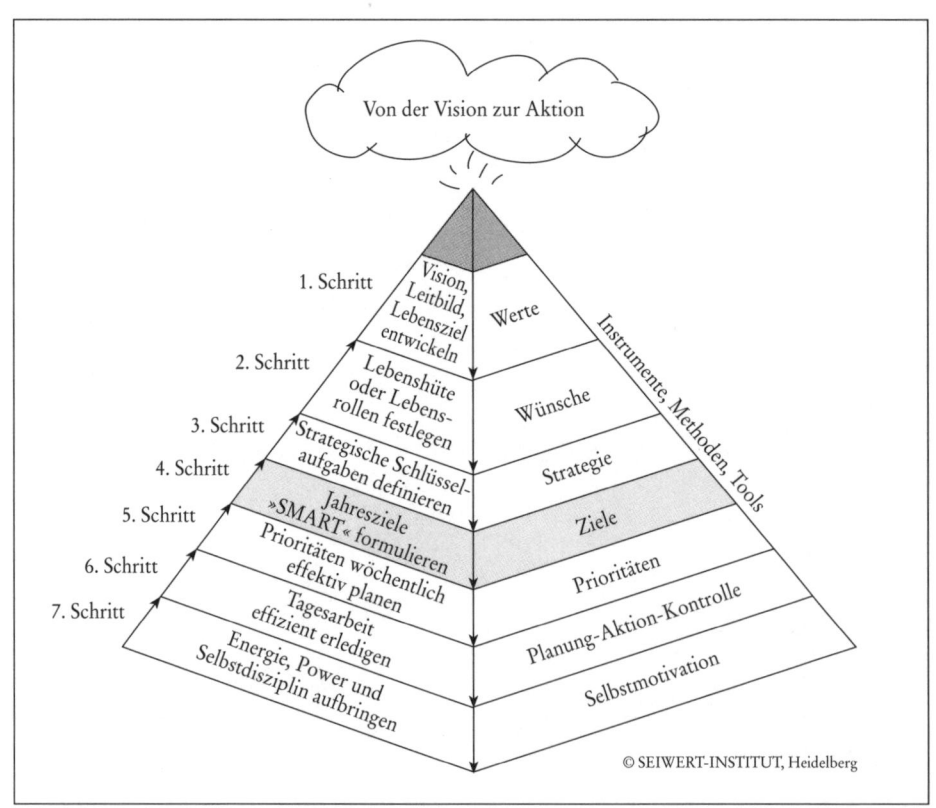

ERFOLGSPYRAMIDE ZUR EFFEKTIVITÄT

10.1 Persönliches Zielmanagement

In diesem Abschnitt geht es daraum, aus Ihren langfristigen Wünschen oder Träumen und Ihren strategischen Aufgaben (Assignments) konkrete *Ziele* zu machen. Eine zentrale Funktion nimmt dabei der *Jahreszielplan* ein. Er verbindet das langfristige Leitbild und die Rollendefinitionen einerseits mit kurzfristigen Wochen- und Tagesprioritäten andererseits.

Nur wer seine *Ziele* auch definiert hat, behält in der operativen Hektik des Tagesgeschehens noch den Überblick; setzt auch unter größter Arbeitsbelastung die richtigen Prioritäten und versteht es, sich aufs Wesentliche zu konzentrieren, um das Gewünschte schnell und sicher zu erreichen.

Ziele sind Zukunftsvorstellungen, zu deren Realisierung ich etwas tun will – und auch tue. Sonst bleibt es nur bei unverbindlichen Wünschen oder Vorsätzen.

Man weiß, wohin man will und welchen Endzustand es zu erreichen gilt. Wer bewusst *Ziele* hat und verfolgt, richtet auch seine unbewussten Kräfte auf sein Tun aus und verstärkt die persönliche Motivation und Selbstdisziplin. Wenn das Leben als Ganzes erfolgreich sein soll, muss ein durchdachtes Lebenskonzept dahinter stehen. Nur so kann ein direkter Zusammenhang zwischen den vielfältigen Aktivitäten und Aufgaben von heute und dem Erfolg und der Lebenszufriedenheit von morgen hergestellt werden.

10.2 Ihre Ein- bis Fünf-Jahres-Perspektive

Bringen Sie nun Ihre Wünsche und Träume als mittelfristige Ziele zu Papier. Notieren Sie – zunächst auch retrospektiv oder rückblickend –, was Sie mit Ihrem beruflichen und privaten Leben in den letzten Jahren gerne angefangen hätten bzw. in den nächsten ein bis fünf Jahren am liebsten anfangen möchten.

Aus Wünschen Ziele definieren

Motivation und Erfolg

Mittelfristige Ziele

155

ZIELPLANUNG: MEINE MITTELFRISTIGE PLANUNG BIS ZUM
___ LEBENSJAHR (ZEITRAUM EIN BIS FÜNF JAHRE)

ODER: MEINE JAHRESPLANUNG FÜR DAS JAHR ___

1. *Rückschau auf private Ziele*
a) Was von dem, das ich mir in den zurückliegenden Jahren privat vorgenommen habe, habe ich erreicht? *Private Erfolge:*

....

....

....

b) Was von dem, das ich mir in den zurückliegenden Jahren privat vorgenommen habe, habe ich nicht erreicht? *Private Misserfolge:*

....

....

....

c) Woran lag dies und welche Konsequenzen ziehe ich daraus für mein Privatleben? *Konsequenzen:*

....

....

....

2. *Rückschau auf berufliche Ziele*
a) Was von dem, das ich mir in den zurückliegenden Jahren beruflich vorgenommen habe, habe ich erreicht? *Berufliche Erfolge:*

....

....

....

b) Was von dem, das ich mir in den zurückliegenden Jahren beruflich vorgenommen habe, habe ich nicht erreicht? *Berufliche Misserfolge:*

....

....

....

c) Woran lag dies und welche Konsequenzen ziehe ich daraus für meine berufliche Tätigkeit? *Konsequenzen:*

....

....

....

3. *Lebensziel/Leitbild:*
Welche Bereiche meines Lebensziels, meiner Lebensvision, meines Leitbildes will ich in den nächsten ein bis fünf Jahren konkret in Angriff nehmen und realisieren?

....

....

....

4. *Berufliche Ziele:*
a) Was will ich in *diesem Jahr* bzw. später beruflich alles erreichen?

....

....

....

b) Welchen Nutzen werde ich mit meinem Wissen und Können meinem *Unternehmen* bzw. unseren *Kunden* bieten?

....

....

....

c) Ich überprüfe meine *Aufgabenplanung:* Welche Aufgaben werde ich weglassen bzw. delegieren, um mich noch besser auf meine *Schlüsselaufgaben* zu konzentrieren?

....

....

....

d) Was werde ich speziell für meine berufliche *Weiterbildung* tun?

....

....

....

e) Wie soll sich mein *Einkommen* in den nächsten Jahren entwickeln?

....

....

....

f) Welche *Maßnahmen leite ich* wann ein, um meine beruflichen Ziele zu verwirklichen?

....

....

....

5. *Private Ziele:*
a) Wie werde ich meine *Freizeit* sinnvoll gestalten (auch mit der Familie)?

....

....

....

b) Wer sind meine wirklichen Freunde; wie pflege ich diese *Freundschaften?*

....

....

....

c) Welchen *Hobbys* werde ich nachgehen?

....

....

....

d) Welche *Urlaubsaktivitäten* plane ich?

....

....

....

e) Was werde ich für meine *Gesundheit* tun (Prävention, ärztliche Untersuchungen/Check-ups, Ernährung)?

....

....

....

f) Wie betätige ich mich regelmäßig *sportlich* (Wellness, Fitness)?

....

....

....

g) Welches *soziale Engagement* will ich leisten?

....

....

....

h) Was werde ich für die *Daseinssicherung* und *Daseinsvorsorge* meiner Familie tun (Versicherungen, erbrechtliche Fragen)?

....

....

....

i) Welchen Teil meines *Einkommens* lege ich für die Zukunft an und wie lege ich es an (Vermögensbildung, Investitionen)?

....

....

....

j) Welche *besonderen Wünsche* werde ich mir und anderen in diesem Zeitraum erfüllen?

....

....

....

6. Was von den unter 1. bis 5. genannten Punkten will ich wann (in welchem bzw. noch in *diesem Jahr?*) realisieren und in die einzelnen Jahreszielpläne einfließen lassen?

- ....
- ....
- ....
- ....
- ....
- ....

Harmonieren Ihre Wünsche mit Ihrem Leitbild? Prüfen Sie, ob Ihre Ziele Ihnen und allen anderen Menschen, die von ihnen betroffen sind, förderlich und nützlich sind.

> Was würden Sie tun, wenn Sie ganz sicher wüssten, Sie hätten auf jeden Fall Erfolg?

10.3 Ihre persönliche Jahreszielplanung

»Die meisten überschätzen, was man in einem Jahr schaffen kann, und unterschätzen, was man in zehn Jahren erreichen kann.«
Alexander Christiani, Erfolgstrainer

SMART-Formel Hier geht es sowohl um quantitative wie qualitative Ziele als auch um konkret terminierte Maßnahmen. Bei der Festlegung von Etappenzielen für das nächste Jahr hat sich die *SMART-Formel* bewährt, wonach kurzfristig formulierte Ziele fünf Kriterien genügen sollten.

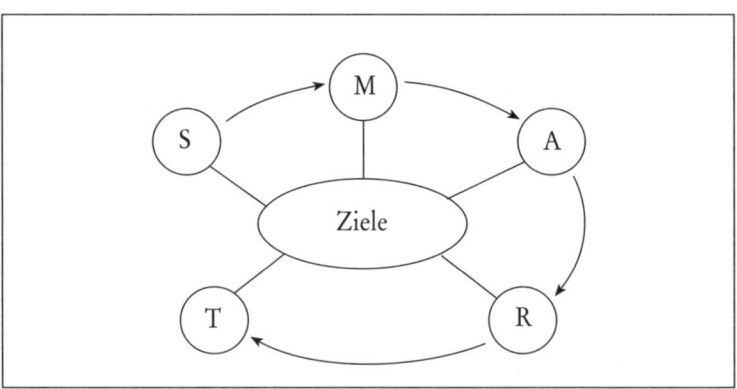

SMART-FORMEL

- *S-Spezifisch.* Ein Ziel soll konkret, eindeutig und präzise formuliert sein, sonst bleibt es nur ein vager Wunsch;
- *M-Messbar.* Ein Ziel und ein Erreichungsgrad müssen überprüft werden können (»If it can be measured, it can be done!«);

160

- *A-Aktionsorientiert.* Ein Ziel soll Ansatzpunkte für positive Veränderungen aufzeigen, statt Anweisungen, was *nicht* getan werden soll;
- *R-Realistisch.* Ein Ziel soll zwar hoch gesteckt, aber immer noch erreichbar sein;
- *T-Terminierbar.* Ein Ziel soll einen ausreichenden zeitlichen Bezug mit einem festen End(zeit)punkt haben.

Für die persönliche *Jahreszielplanung* empfehlen wir als Ausgangspunkt das *Balance-Modell* mit den vier Lebensbereichen Körper, Leistung, Kontakt und Sinn sowie das Konzept der *Lebenshüte* bzw. *-rollen.* Definieren Sie für jeden Bereich »SMART«e Ziele:

Balance-Modell als Startpunkt

- Was wollen Sie im Bereich *Körper* für Ihre Gesundheit, Ernährung und Erholung tun? Körper
- Was wollen Sie im Bereich *Leistung* für Ihr Weiterkommen tun? Leistung
- Was wollen Sie im Bereich *Kontakt* für Ihre Familie, Freunde, Beziehungen tun? Kontakt
- Was wollen Sie im Bereich *Sinn* für Ihre Selbstverwirklichung und Ihr persönliches Wachstum tun? Sinn
- Was wollen Sie im Hinblick auf jeden einzelnen *Lebenshut* oder jede *Lebensrolle* konkret tun und verbessern? Lebenshut

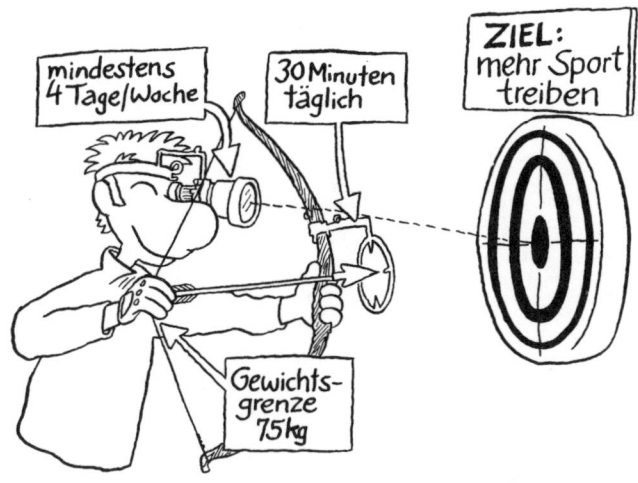

Beispiel

Beispiel: Sport *Ich will in diesem Jahr mehr Sport treiben* ist noch lange kein richtiges Ziel. Besser und »SMART«er:

> *»Ich werde ab sofort jede Woche an mindestens vier Tagen 20 bis 30 Minuten Ausdauersport betreiben (Joggen, Radfahren, Schwimmen, Skilanglauf), 350 Kalorien verbrauchen und mein Körpergewicht unter 75 kg halten; überschreite ich diese Gewichtsgrenze, führe ich sofort einen Obsttag oder eine andere Diät durch.«*

Jahreszielplanung

nach Lebensbereichen und Lebenshüten: SMARTe Ziele

SMART = Spezifisch – Meßbar – Aktionsorientiert – Realistisch – Terminierbar

Termin für alle Ziele: bis 31. 12 . 99

Zieldefinition	S	M	A	R	T
◆ **Zeit-Balance**					
Körper: *Gewicht (83 kg) um mind. 5 kg reduzieren*					
Leistung: *Englisch-Crashkurs (TOEFL) absolvieren*					
Kontakt: *Gemeinsame Golfturniere im Ausland spielen*					
Sinn: *Wochenseminar „Meditation" besuchen*					
3 Vorstands-Mitgliedschaften niederlegen					
● Lebenshut: *drilbox - Geschäftsführer*					
Aktivitäten: *Produktionskosten um 10% reduzieren*					
● Lebenshut: *tempus - Geschäftsführer*					
Aktivitäten: • *25.000 Neukunden gewinnen*					
• *Stornoquote < 5% halten*					
● Lebenshut: *AGP - Bundesvorsitzender*					
Aktivitäten: • *50 neue Firmenmitglieder werben*					
• *potentielle Nachfolger ansprechen*					
● Lebenshut: *Ehemann*					
Aktivitäten: *gemeinsame Teilnahme an*					
DiSG - Persönlichkeitstrainings					
● Lebenshut: *Vater*					
Aktivitäten: *Praktikumsplatz bei Franklin - Covey*					
in Salt Lake City organisieren					
● Lebenshut: *Hobbykoch*					
Aktivitäten: • *Ayurveda - Gesundheitskur*					
• *Sri Lanka - Aufenthalt*					
● Lebenshut: *OASE - Gemeindeleitung*					
Aktivitäten: *alle Mitarbeiter das „D. I. E. N. S. T."-*					
Programm absolvieren lassen					

© **tempus:** und SEIWERT-INSTITUT, Heidelberg. Formular ②, Best.Nr. BF 91

BEISPIEL:
JAHRESZIELPLANUNG NACH LEBENSBEREICHEN UND LEBENSHÜTEN

Jahreszielplanung

nach Lebensbereichen und Lebenshüten: SMARTe Ziele

SMART = **S**pezifisch – **M**eßbar – **A**ktionsorientiert – **R**ealistisch – **T**erminierbar

Zieldefinition	S	M	A	R	T
✜ **Zeit-Balance**					
Körper:					
Leistung:					
Kontakt:					
Sinn:					
🎩 **Lebenshut:** Aktivitäten:					
🎩 **Lebenshut:** Aktivitäten:					
🎩 **Lebenshut:** Aktivitäten:					
🎩 **Lebenshut:** Aktivitäten:					
🎩 **Lebenshut:** Aktivitäten:					
🎩 **Lebenshut:** Aktivitäten:					
🎩 **Lebenshut:** Aktivitäten:					

FORMULAR:
JAHRESZIELPLANUNG

Kapitel 11
Fünfter Schritt: Prioritäten wöchentlich effektiv planen

»Die meisten Menschen planen ihr Leben weniger als einen vierzehntägigen Erholungsurlaub.«
Alexander Christiani, Erfolgstrainer

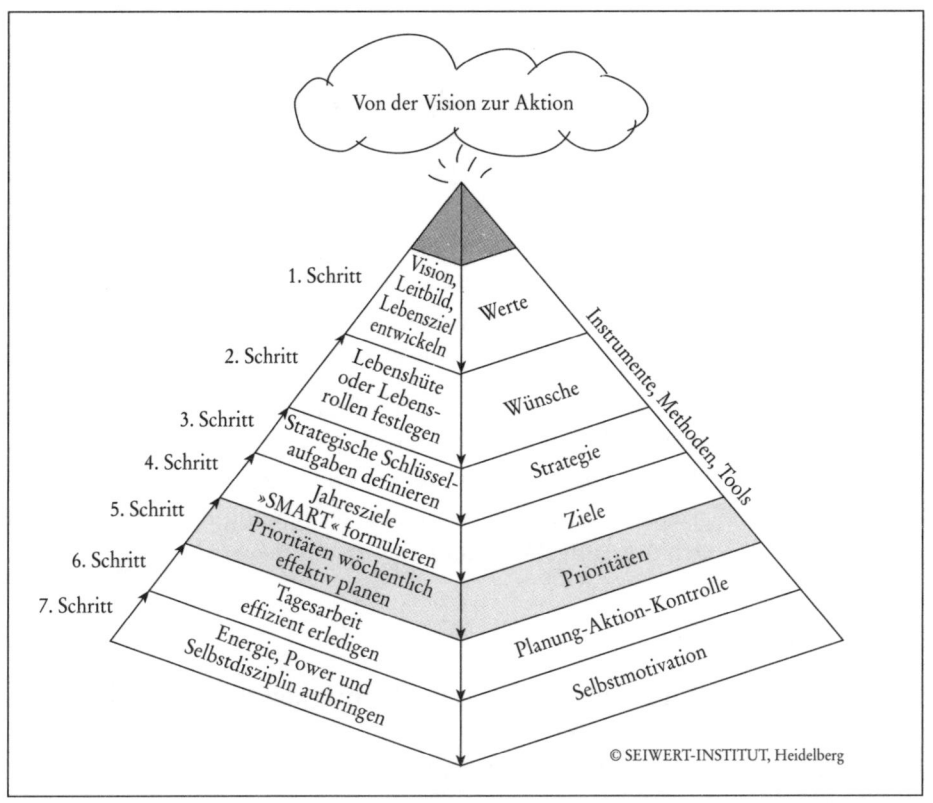

ERFOLGSPYRAMIDE ZUR EFFEKTIVITÄT

| Konzentration auf Prioritäten | Der Schlüssel zu einem erfolgreichen Zeitmanagement liegt in der Konzentration auf die wirklich wichtigen *Prioritäten* und einem konsequenten Handeln nach diesen Prioritäten. |

Konzentration auf Prioritäten Der Schlüssel zu einem erfolgreichen Zeitmanagement liegt in der Konzentration auf die wirklich wichtigen *Prioritäten* und einem konsequenten Handeln nach diesen Prioritäten.

Zeit kann man nicht managen Wie zuvor schon dargelegt, erweist es sich als Trugschluss, zu glauben, wir könnten unsere *Zeit managen*. Der Begriff »Zeitmanagement« wird im täglichen Sprachgebrauch zwar relativ viel – auch von uns – verwendet, trifft aber vom Wortsinn her überhaupt nicht zu. Zeit verrinnt gemäß der Uhr im Sekunden-, Minuten- oder Stundentakt, ob wir das nun wollen oder nicht.

Einstellung und Verhalten Wir können nur unsere innere *Einstellung* und unser äußeres *Verhalten* im Umgang mit der Konstante »Zeit« beeinflussen und verändern – ob gestresst oder gelassen, spontan oder geplant, chaotisch oder diszipliniert –, es liegt in erster Linie an uns selbst, aber auch an den Sachzwängen unseres Umfeldes.

Prioritäten-Management Es gibt in der Realität keine Zeitprobleme, sondern nur Prioritätenprobleme: Erfolgreiches Zeitmanagement ist konsequentes Prioritäten-Management.

Prioritäten richtig planen Wer seine *Prioritäten* richtig plant, hat auch seine Zeit besser im Griff. Das entscheidende Grundproblem für ein erfolgreiches Zeit- und Lebensmanagement liegt darin, dass sich viele Benutzer von Zeitplanbüchern und Anwender von Erfolgsmethoden

Kurzfristig • eher von den *kurzfristigen,* unmittelbaren Ereignissen ihres Arbeitsalltages einfach überrollen lassen,

Langfristig • statt sich auf das Wesentliche zu konzentrieren, nämlich die nächsten Aktionsschritte zur Erreichung ihrer *langfristigen* Schlüsselaufgaben oder Lebensziele in Angriff zu nehmen.

11.1 Prioritäten-Matrix: Wichtigkeit und Dringlichkeit

Dringlichkeit dominiert das Tagesgeschäft Viele Menschen eifern *wichtigen* langfristigen Zielen, Wünschen oder Visionen zunächst noch relativ konsequent nach und möchten diese auch gerne erreichen. Auf der anderen Seite bleiben die

166

großen persönlichen Leuchttürme und Leitbilder dann doch irgendwie auf der Strecke und verblassen im Laufe der Zeit immer mehr. Stattdessen wird das Tagesgeschehen immer mehr von *dringenden*, aber relativ unwichtigen Dingen regiert.

Wer kennt das nicht? Von morgens früh bis abends spät ist man voll in einen stressigen Arbeitsalltag eingebunden, am Ende dieses Tages fix und fertig und fragt sich: »Was hast du heute wirklich Entscheidendes geschafft oder bewegt? Wo bist du deinen Zielen ein Stück näher gekommen? Was hast du heute konkret für die Erfüllung deiner Lebensvision getan?« Und der lange, anstrengende Tag reduziert sich auf einige wenige lichte Momente – wenn überhaupt...

Gelegentlich stolpert man dann, z. B. zwischen den Jahreswechseln, über seine Lebenspläne und Visionen, seufzt: »Das mache ich wirklich, wenn ich im neuen Jahr einmal Zeit habe« – und es passiert zwölf Monate lang wieder nichts: Ein weiteres Lebensjahr verstreicht ebenso wie das vorherige, ein Jahr reiht sich brav an das nächste – und am Ende blickt man auf ein »erfülltes« Arbeitsleben zurück: Soll das alles gewesen sein?

Typischer Arbeitstag

Der Einsatz reiner Zeitplanmethoden und Arbeitstechniken hilft hier letztlich nicht weiter, weil nur an den Symptomen kuriert, nicht aber die wahre Ursache angepackt wird.

Dringlichkeit als Ursache

Die entscheidende Ursache für mangelnde Effektivität im persönlichen Zeit- und Lebensmanagement liegt im täglichen Diktat der Dringlichkeit. Darunter leidet die konsequente Konzentration auf die eigenen Ziele.

Ineffektivität

Den Zusammenhang zwischen den beiden Prioritätenkriterien *Wichtigkeit* und *Dringlichkeit* verdeutlicht die nachfolgende Matrix. Sie hat sich als praktikable Entscheidungshilfe für eine schnelle Prioritätensetzung bestens bewährt. Diese Einteilung wird dem amerikanischen General Dwight D. Eisenhower zugeschrieben:

Prioritäten-Matrix

• *Wichtigkeit* bedeutet Ziele, Ergebnisse, Zukunft, Werte, Personen, Erfolg oder auch Geld, das auf dem Spiel steht.

Wichtigkeit

167

Dringlichkeit   • *Dringlichkeit* hingegen steht für Zeit, Termindruck, Stress, Soforterledigung, Unterbrechungen und Krisen.

Vier
Quadranten

Beide Kriterien beeinflussen die Prioritätensetzung gleichermaßen. Unterscheidet man jeweils zwischen niedriger und hoher Wichtigkeit bzw. Dringlichkeit, kommt man zu der nachfolgenden *Prioritäten-Matrix* mit vier Quadranten:

Prioritäten-
Matrix

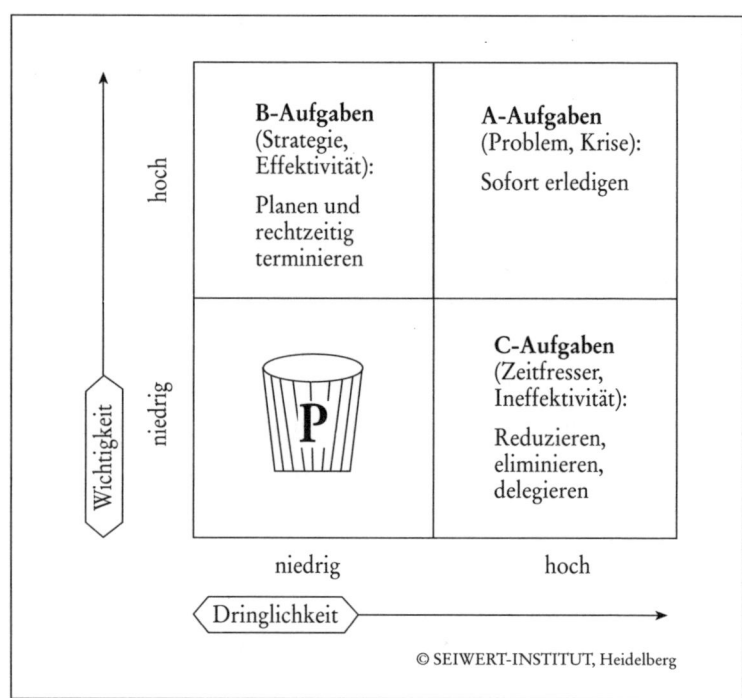

PRIORITÄTEN-MATRIX

Prioritäten-
management

Für ein effektives *Prioritätenmanagement* ergeben sich aus dieser Matrix folgende Schlussfolgerungen:

Quadrant A   • *Quadrant A:* Wichtige und dringende Aktivitäten müssen *sofort* und meist von einem *selbst* in Angriff genommen werden. Es handelt sich um *kritische* Situationen, Probleme oder sogar Krisen, denn Wichtiges sollte nie eilig werden und unter hohem Zeitdruck erledigt werden müssen.

Quadrant B   • *Quadrant B:* Wichtige, aber nicht dringende Aktivitäten werden meist auf die lange Bank geschoben, bis sie irgendwann

»dringend« werden und zu »Hau-ruck«-Aktionen auf den letzten Drücker mutieren. Sie sollten besser geplant und rechtzeitig *terminiert* werden.

- *Quadrant C:* Dringende, aber unwichtige Aktivitäten nehmen durchgängig den größten Teil des Zeitbudgets in Anspruch. Hier stecken die größten Zeitreserven für mehr Effektivität. Dringende, aber unwichtige Aufgaben sollten soweit wie möglich *reduziert, eliminiert* oder *delegiert* werden. Quadrant C
- *Quadrant P:* Was weder wichtig noch dringend erscheint, kann im Grunde genommen vernachlässigt und getrost in den realen oder virtuellen *Papierkorb* befördert werden. Stellt es sich im Nachhinein doch noch als wichtig oder dringend heraus, wird schon jemand danach fragen oder entsprechend mahnen. Grundsätzlich gilt: Quadrant P

> Das Wichtige ist selten dringend,
> und das Dringende ist selten wichtig!

11.2 Der »Pizza-Taxi«-Effekt: Dringlichkeit statt Wichtigkeit

In Wirklichkeit dominiert jedoch *Dringlichkeit vor Wichtigkeit.* Der Hintergrund: Dringende Dinge haben immer mit den Prioritäten und Terminen anderer zu tun. Wenn niemand auf ihre Abgabe drängen würde, wäre auch nichts besonders eilig. So steckt hinter der Planung und Erledigung von dringenden Tagesaktivitäten immer ein gewisser *externer Druck*. **Dringlichkeit durch externen Druck**

So werden Prioritäten im häufig von Hektik und Zeitdruck geprägten Arbeitsalltag vornehmlich nach Dringlichkeitskriterien gesetzt: *Jeder will alles sofort, am liebsten schon vorgestern!* Unter den dringenden Dingen werden dann die relativ wichtigen und dringenden zuerst erledigt, dann die weniger wichtigen, aber dringenden – und für die strategisch wichtigen B-Aufgaben, auf die niemand drängt, bleibt häufig keine Zeit. **Keine Zeit für strategisch Wichtiges**

Wir wollen dieses Phänomen den *Pizza-Taxi-Effekt* nennen. Haben Sie schon einmal bei einem Pizza-Service eine telefonische **Pizza-Taxi: alles sofort**

Bestellung aufgegeben? Wann wollten Sie die Lieferung haben? In einer Stunde, in dreißig Minuten oder am liebsten sofort? Wenn wir uns für eine Sache *emotional* entschieden haben, wollen wir sie besser gleich, am besten *sofort* haben. Es macht uns keinen Spaß, darauf zu warten, dass der Wunsch endlich erfüllt wird.

»Sofort« im
Arbeitsalltag

So oder ähnlich ergeht es vielen auch mit den Aktivitäten und Unwägbarkeiten ihres Arbeitsalltages:

- Wenn jemand einen Termin mit Ihnen vereinbaren will, möchte er ihn am liebsten *sofort*.
- Wenn jemand eine Anfrage erledigt haben will, möchte er sie am liebsten *sofort* bearbeitet wissen.
- Wenn Sie wiederum andere um einen Gefallen bitten, hätten Sie es nicht auch gerne *sofort* abgehakt?

Gegengewicht
zu externen
Zwängen

Das bedeutet nun, dass Sie auch weiterhin unter dem externen Terminzwang anderer stehen werden und diesem Druck ein Gegengewicht entgegensetzen müssen. Werden Sie einfach eine Portion egoistischer:

Persönliche
Zeitfenster

Planen Sie pro-aktiv regelmäßig persönliche Zeitfenster oder Termine mit sich selbst ein – auch gegen die Widerstände anderer, an denen Sie sich um Ihre Prioritäten zur Erreichung eigener Ziele kümmern.

Auf diese Weise setzen Sie den *externen Terminen* anderer entsprechend Ihre *internen Termine* entgegen. Da Sie keine zusätzliche Zeit herbeizaubern können, müssen Sie in Ihrem *Prioritäten-Portfolio* eine Verschiebung zwischen den Quadranten C und B vornehmen:

Verschiebung von C nach B

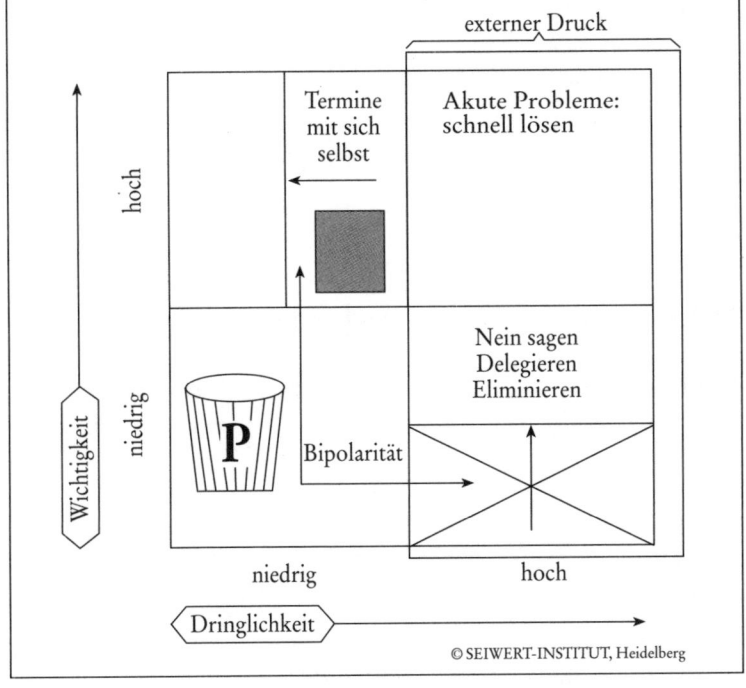

Pro-aktives Prioritäten-management

PRO-AKTIVE PRIORITÄTEN-MATRIX

Das Problem und gleichzeitig der Schlüssel zum Erfolg liegen in der *Bipolarität* zwischen den Quadranten B und C:

Bipolarität zwischen B und C

Den größten Teil ihrer Zeit widmen sich viele Führungskräfte und Mitarbeiter den unwichtigen, aber eiligen Dingen *(Quadrant C),* von denen sie glauben, sie unbedingt und möglichst schnell erledigen zu müssen. So gilt in amerikanisch geführten Firmen »*a.s.a.p.*« (as soon as possible) als gängiger Erledigungstermin. Nur wenn Sie hier radikal reduzieren und loslassen, delegieren oder lernen, Nein zu sagen, haben Sie die Chance, sich auf die wirklich wichtigen Dinge in Ihrem Leben *(Quadrant B)* zu konzentrieren.

Problem: unwichtig, aber eilig

171

Das Erfolgsgeheimnis erfolgreicher Persönlichkeiten liegt laut Stephen Covey darin, sich beim Ziel- und Zeitmanagement auf die Aktivitäten in »B« zu konzentrieren und wenig Zeit in dringende, aber unwichtige Tätigkeiten in »C« zu investieren.

Trotz bester Planung können Sie schließlich kritische Situationen (*Quadrant A*) nie gänzlich verhindern, um die Sie sich in erster Priorität sofort kümmern müssen. Unvorhergesehene Dinge passieren immer wieder, weil trotz bester Planung doch irgendwo etwas schief läuft. Ob Sie es mögen oder nicht – dies sind nun einmal die natürlichen Unwägbarkeiten des Arbeitsalltages. »*Planung heißt, Zufall durch Irrtum zu ersetzen*«, lautet eine bekannte Managementweisheit.

11.3 Bipolarität zwischen Wichtigkeit und Dringlichkeit

Die Konzentration auf das Wichtige statt auf das Dringende ist für das persönliche Zeit- und Zielmanagement von strategischer Bedeutung.

> Bei dringenden Dingen re-agieren wir nur,
> bei wichtigen Dingen hingegen agieren wir.

Die nachstehende Übersicht verdeutlicht die fundamentalen Unterschiede zwischen diesen beiden Polaritäten:

	Wichtigkeit	*Dringlichkeit*
Fokus	Ziel, Erfolg	Zeit, Termin
Wirkung	Effektivität	Effizienz
Handlungsperspektive	Vision, Leitbild	Tagesgeschehen
Ergebnis	Zielerreichung	Aktionismus
Verhalten	selbstgesteuert	fremdgesteuert
Werkzeuge	Lebenshüte, -rollen	Terminkalender
Planungsebene	Wochenplanung	Tagesplanung
Zeitsouveränität	persönliches Zeitfenster	Fremdtermin
Gefühlsebene	Freude, Spaß	Stress, Frust

11.4 Wöchentliche Prioritätenplanung

»Der Schlüssel liegt nicht darin, Prioritäten für das zu setzen, was auf Ihrem Terminplan steht, sondern darin, Termine für Ihre Prioritäten festzulegen.«
Stephen R. Covey

Die meisten Menschen sind in ihrer persönlichen Zeitplanung und Arbeitsorganisation auf ihren Tagesplan oder Terminkalender mit fest gebuchten Verabredungen fixiert. Wer seine Lebensvision, sein Leitbild oder Lebensziel jedoch in Handlungen umsetzen will, braucht einen erweiterten Planungshorizont.

Fixierung auf Termine

Wir können unser *Leitbild* mit Leben erfüllen, indem wir es täglich in unseren einzelnen Lebenshüten oder -rollen richtig »leben« und den entsprechenden Aktivitäten eindeutige Priorität einräumen. Als Planungszeiträume kommen der Tag und die Woche in Betracht:

Prioritäten für Lebenshüte

- Der einzelne *Tag* als Planungs- oder Handlungsperspektive erweist sich insgesamt als zu kurzlebig und stressig, um allen Lebenshüten auf einmal gerecht werden zu können; es fehlt der gesamte Überblick.

Von Tag zu Tag ist zu kurzfristig

- Die ganze *Woche* hingegen stellt ein repräsentatives Abbild unseres Lebens dar, umfasst sie doch durch das Wochenende alle Lebensbereiche und bietet die Chance für sämtliche Aktivitäten, Arbeit wie Freizeit, Beruf und Privates, Familie und Hobby zu ihrem Recht kommen zu lassen.

Woche als Balance

Tagesplanung verstärkt und fördert die Prioritätensteuerung durch *Dringlichkeit –*
Wochenplanung hingegen unterstützt ganzheitlich die Orientierung an der *Wichtigkeit.*

Wochenplanung vor Tagesplanung

Wem es nicht gelingt, innerhalb eines wöchentlichen Kontextes für *alle* seine Lebenshüte aktiv etwas zu tun, der hat seine Zeit und damit sein Leben nicht richtig im Griff. Vielleicht sind es zu viele Aktivitäten und Hüte, denen jemand nachgeht, oder es

Lebensbalance: Zeit für alle Lebenshüte

wurden keine eindeutigen Prioritäten an der richtigen Stelle gesetzt – auf jeden Fall stimmt in diesem Fall die *Lebensbalance* nicht.

Lebensbilanz Natürlich wird es immer wieder Tage und die eine oder andere Woche geben, an denen Sie sich nicht um Familie oder Freunde kümmern und Ihren Sport nicht ausüben können oder keine Zeit für Muße haben. Aber die Ausnahmen dürfen nicht zur Regel werden! Entscheidend wird sein, was am Ende unter dem Strich Ihrer *Lebensbilanz* als Saldo steht.

> Wenn Sie weiterhin nur das tun, was Sie zurzeit tun, erreichen Sie auch nur das, was Sie zurzeit erreichen.

Wöchentliche Erneuerung Die meisten Kulturkreise propagieren den Gedanken einer wöchtlichen Erneuerung als Quelle von Reflexion und Entspannung. Zudem gibt es Aktivitäten, die Sie vielleicht nur am Wochenende ausführen können, etwa wenn Ihre Kinder oder der Partner zu Hause sind.

Von der Vision zur Aktion Die *wöchentliche Prioritätenplanung* verbindet Ziele mit Zeit oder Visionen mit Aktionen. Sie schließt die Lücke zwischen

- der langfristigen Vision und dem Leitbild (Wichtigkeit) einerseits und
- dem kurzfristigen Tagesgeschäft (Dringlichkeit) andererseits.

Auf diese Weise wird das große Ganze über die Schnittstelle »Wochenplanung« mit dem Tagesgeschehen verbunden.

174

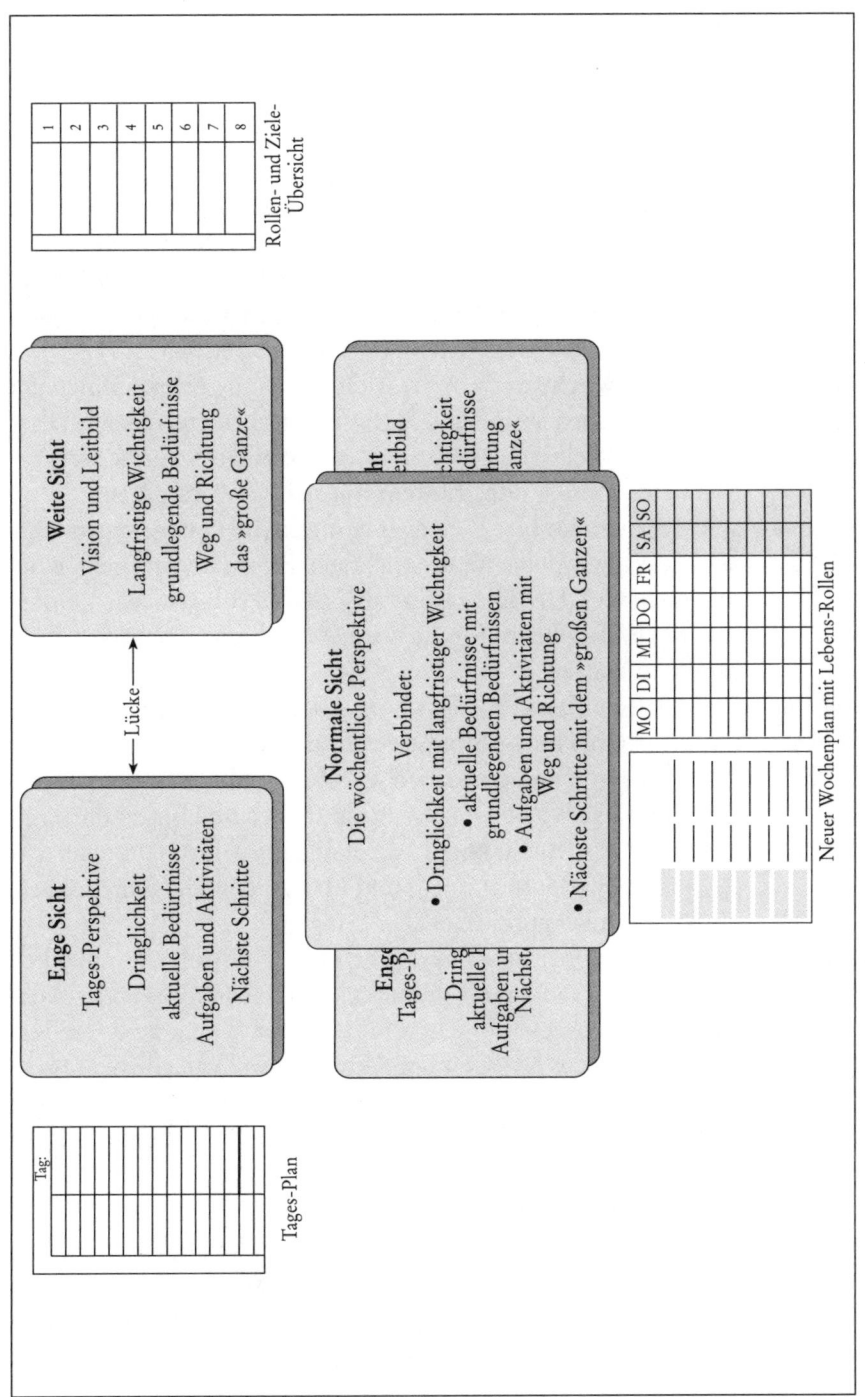

WOCHENPLANUNG ALS SCHNITTSTELLE ZWISCHEN VISION ODER LEITBILD UND TAGESARBEIT
(*Quelle*: in Anlehnung an Covey/Merrill/Merrill, Der Weg zum Wesentlichen)

175

11.4 Wochenplanung in Aktion

»Just Do It!«
Nike-Werbespruch

Für jeden
Lebenshut einen
Schwerpunkt

Sie gewinnen Balance und Zeit für das Wesentliche, wenn Sie jede Woche für jeden Lebenshut einen konkreten Schwerpunkt setzen, z. B. eine bzw. zwei Aktivitäten oder To-dos im Hinblick auf eine Schlüsselaufgabe definieren, von denen Sie meinen, Sie werden sie in den nächsten sieben Tagen auch erreichen.

Zeitfenster reservieren

Mit der wöchentlichen Prioritätenplanung gelingt Ihnen der Spagat zwischen Vision und Aktion. Entscheidend dabei ist, dass Sie für die wichtigen zielführenden Aktivitäten zuerst entsprechende *Zeitfenster* oder Termine mit sich selbst vergeben.

Kieselprinzip

Covey spricht hier vom *Kieselprinzip*. Im ersten Schritt werden die großen Steine für die wichtigen Prioritäten in einem Krug untergebracht. Der Krug sollte aber nur so voll gemacht werden, dass noch Platz bleibt für die weniger wichtigen Dinge wie Kies, Sand und Wasser.

Schlüssel für Zeit- und Lebensbalance

Eine nach diesem *Kieselprinzip* ausgerichtete Wochenplanung mit Prioritäten und Zeitfenstern für das wirklich Wichtige stellt den Schlüssel für eine ausgewogene Zeit- und Lebensbalance dar. Haben Sie das Wichtige nicht nur irgendwo im Hinterkopf, sondern auch schriftlich fixiert, fällt es Ihnen auch wesentlich leichter, »Nein« zu Unwichtigem und »Ja« zu den Dingen zu sagen, die Sie Ihren Lebenszielen näher bringen.

Unvorhergesehenes im Alltag

Die Unwägbarkeiten des Arbeitsalltages bringen es nämlich mit sich, dass andernfalls immer schnell irgendetwas anderes dazwischen kommt – und schon füllt sich die Woche bzw. der Terminkalender mit Aktivität um Aktivität ganz von alleine. Ergebnis: Das Wesentliche bleibt wieder auf der Strecke. Blockieren und terminieren Sie hingegen vorher die entsprechende Zeit für Ihre Lebenshüte, dann finden Sie auch die Zeit, sich um Ihre Lebenshüte und Lebensziele zu kümmern.

Flexibilität und Erfolge

Sie können Ihre Woche auch so planen und organisieren, dass Sie jeden Lebenshut einem bestimmten Wochentag zuordnen. Auf jeden Fall müssen Sie im Tagesgeschehen *flexibel* bleiben: Es geht darum, Ergebnisse und Erfolge zu erzielen, und nicht, sklavisch einen Plan einhalten zu müssen.

Bei der praktischen Umsetzung hat sich der *Wochen-Kompass* bewährt. Mit diesem Formular lässt sich die *wöchentliche Prioritätenplanung* für die einzelnen Lebenshüte auf einem schmalen Heftstreifen in einer gelochten Klarsichthülle zwischen die herkömmlichen Tages- und Wochenpläne einschlägiger Zeitplanbücher einfügen (vgl. Abbildung mit Musterbeispiel).

177

Wochen-Kompaß

Datum/KW:

⬧ Zeit-Balance

Körper: *Probetraining im Fitneß-Center*

Leistung: *täglich: CNN-Talk-show und -Nachrichten*

Kontakt: *Mittagessen mit Golf-lehrer im Clubhaus*

Sinn: *Meditationsbuch: jeden Tag 10 Seiten!*

Lebenshut: *drilbox - GF*
Aktivitäten: *Einführung des Kaizen-Teams*

Lebenshut: *tempus - GF*
Aktivitäten: *Präsentation für Händlerbeirat*

Lebenshut: *AGP-Vorsitzender*
Aktivitäten: *Werbeprospekt und Mailing für Interessenten*

Lebenshut: *Ehemann*
Aktivitäten: *gemeinsamer Kochkurs Guildo Horn - Konzert*

Lebenshut: *Vater*
Aktivitäten: *Telefonkonferenz mit John wg. Praktikum*

Lebenshut: *Hobbykoch*
Aktivitäten: *asiatischer Spezialitäten-Laden*

Lebenshut: *OASE-Gemeinde*
Aktivitäten: *Einladung für Info-Veranstaltung*

© tempus⁺ und SEIWERT-INSTITUT, Heidelberg. Formular ③, Best.Nr. BF 92

WOCHENPLANUNG NACH LEBENSHÜTEN

178

Wochen-Kompaß

Datum/KW: _____

✚ Zeit-Balance

Körper: _____

Leistung: _____

Kontakt: _____

Sinn: _____

🎩 Lebenshut: _____
Aktivitäten: _____

🎩 Lebenshut: _____
Aktivitäten: _____

🎩 Lebenshut: _____
Aktivitäten: _____

🎩 Lebenshut: _____
Aktivitäten: _____

🎩 Lebenshut: _____
Aktivitäten: _____

🎩 Lebenshut: _____
Aktivitäten: _____

🎩 Lebenshut: _____
Aktivitäten: _____

Sieben Schritte zur Zeitsouveränität und Effektivität

① Vision, Leitbild, Lebensziel entwickeln

② Lebenshüte oder Lebensrollen festlegen

③ Strategische Schlüsselaufgaben definieren

④ Jahresziele „SMART" formulieren

⑤ Wochenprioritäten effektiv planen

⑥ Tagesarbeit effizient erledigen

⑦ Energie, Power, Selbstdisziplin aufbringen

© **tempus**¹ und SEIWERT-INSTITUT, Heidelberg. Formular ③. Best.Nr. BF 92

WÖCHENTLICHE
PRIORITÄTENPLANUNG

Kapitel 12
Sechster Schritt: Tagesarbeit effizient erledigen

»Ein Leben, das wert ist, gelebt zu werden,
hat es auch verdient, protokolliert zu werden.«
Anthony Robbins, Erfolgstrainer

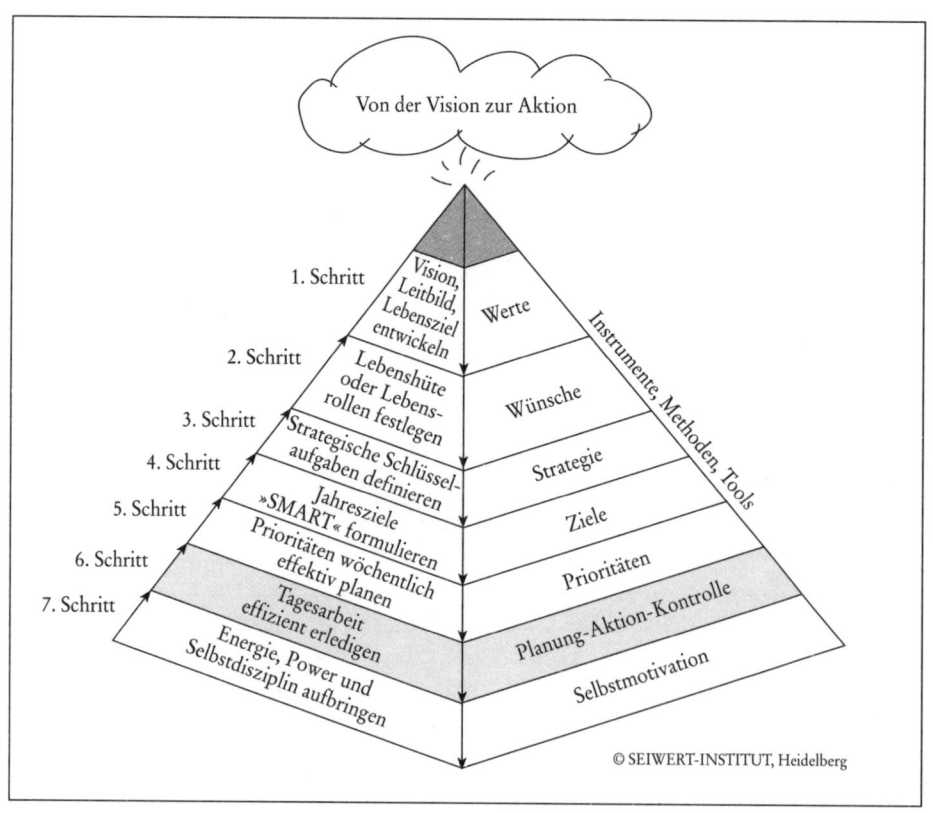

ERFOLGSPYRAMIDE ZUR EFFEKTIVITÄT

Der *Tag* stellt die Planungseinheit dar, in der wir *leben*. Bewegen wir uns im Einklang mit der Natur und den biologischen Rhythmen, so fällt es uns leicht, in Balance zu bleiben.

Der Tag als kleinste Einheit

Nehmen Sie sich jeden Morgen ein paar Minuten Zeit, um Ihre wöchentliche Prioritätenplanung zu überprüfen: Was ist wirklich wichtig und worauf will ich mich *heute* im Hinblick auf meine Lebenshüte *konzentrieren*?

Tägliche Konzentration auf Lebenshüte

Planen und protokollieren Sie täglich Ihre Erfolge. Trotz bester Planung wird immer das eine oder andere Unvorhergesehene dazwischenkommen. Das bedeutet erneut Prioritäten setzen, Anpassungen vornehmen und flexibel auf unerwartete Dinge und Personen reagieren.

Tägliche Kontrolle

> Wer sich zu viel vornimmt und alles verplant, bleibt unflexibel und stresst sich ebenso wie andere.

12.1 Effiziente Tagesorganisation

Viele arbeiten nicht den ganzen Tag, sondern werden gearbeitet. Eine *kritische Analyse* typischer Arbeitstage von Führungskräften und Mitarbeitern zeigt, dass sich viele ständig durch Arbeitsmenge und Termindruck überlastet fühlen. Obwohl sie häufig Überstunden machen, wissen sie abends oft nicht, was sie während des Tages wirklich Entscheidendes geleistet haben. Gleich zu Beginn ihres Arbeitstages ereignen sich häufig Situationen, die sie wegen ineffizienter und ineffektiver Arbeitsweise zunehmend in zeitliche Bedrängnis und Hektik stürzen.

Tägliches Arbeitspensum und Druck

10 TYPISCHE ZEITSÜNDEN

1. Versuch, zu viel oder alles auf einmal zu tun, ○
2. Keine Ziele, Prioritäten oder Tagespläne aufstellen, ○
3. Telefonische Unterbrechungen, Ablenkungen, ○
4. Langwierige, überflüssige Besprechungen, ○
5. Papierkram und Lesestoff, voller Schreibtisch, ○
6. Unangemeldete Besucher, externe Störungen, ○
7. Aufschieben unangenehmer Aufgaben, ○
8. Unfähigkeit, »Nein!« zu sagen, ○
9. Überperfektionismus, alles wissen wollen, ○
10. Mangelnde Konsequenz und Selbstdisziplin. ○

Der entscheidende Engpass zu einem erfolgreichen Zeitmanagement liegt in der persönlichen Einstellung und im Verhalten: Sie versuchen es jedem recht zu machen, engagieren sich und opfern sich auf. Eine wirksame Zeitplanung und Arbeitmethodik fehlt jedoch. Das Verhalten erscheint unsystematisch, sprunghaft, planlos, hektisch, ja chaotisch.

Je besser wir unseren *Tag* einteilen und *planen,* desto besser können wir ihn für unsere eigenen Zielvorstellungen nutzen.

Die sieben Grundregeln zur Tagesplanung lauten:

1. *Oberstes Planungsprinzip ist die Schriftlichkeit.*
   Alle Aktivitäten, Aufgaben und Termine sofort im Zeitplanbuch notieren. Nur so behalten Sie bei jeder Gelegenheit den Überblick und können sich auf das Wesentliche konzentrieren.

2. *Planen Sie am Vorabend den neuen Arbeitstag.*
   Lassen Sie Ihr Unterbewusstsein für sich arbeiten und seine schöpferischen Kräfte über Nacht wirken.

3. *Zeitbedarf schätzen und Zeitlimits setzen.*
   Auch jedes Geldbudget muss irgendwie kalkuliert sein. Bedenken Sie: Zeit ist noch wertvoller als Geld! Eine ungenaue Schätzung ist besser als gar keine Schätzung. Darum:

4. *Nicht den ganzen Tag verplanen (50:50-Regel).* 4. 50:50-Regel
Ein realistischer Tagesplan sollte grundsätzlich nur das enthalten, was Sie an diesem Tag erledigen wollen – und auch können. Weniger ist mehr! Lassen Sie noch eine Pufferzeit von etwa 40 bis 50 % übrig. Die Erfahrung wird Ihnen zeigen, was in Ihrem Arbeitsalltag machbar und planbar ist – und was nicht.

5. *Fassen Sie gleichartige Aktivitäten zu Arbeit- und Zeitblöcken zusammen und geben Sie Ihrem Tag eine grobe Struktur – bleiben Sie aber flexibel!* 5. Arbeits- und Zeitblöcke
Beispiel:
08.30-10.00 Uhr: Arbeit an einer A-Aufgabe (konzentriertes Arbeiten ohne Unterbrechungen und Anrufe)
10.00-11.00 Uhr: Kommunikationspause (Rücksprachen mit Mitarbeitern, telefonische An- und Rückrufe)
11.00-12.00 Uhr: Arbeit an einer A-Aufgabe oder Besprechung/Meeting (nie länger als eine Stunde!)
12.00-13.00 Uhr: Mittagspause
13.00-14.00 Uhr: soziale Kommunikation, Post durcharbeiten, Fachzeitschriften lesen, C-Aufgaben
14.00-15.00 Uhr: Arbeit an einer B-Aufgabe (konzentriertes Arbeiten ohne Unterbrechungen und Anrufe)
15.00-16.00 Uhr: Kommunikationspause (Rücksprachen mit Mitarbeitern, telefonische An- und Rückrufe)
16.00-17.00 Uhr: B-Aufgabe oder Besprechung/Meeting (nie länger als eine Stunde!)
17.00-17.30 Uhr: Tageskontrolle und Tagesplan mit Vorbereitung für den nächsten Tag; Feierabend

6. *Fokussieren Sie sich konsequent auf Ihre Prioritäten.* 6. Prioritäten
Fragen Sie immer wieder: Was ist wirklich wesentlich? Was bringt mich meinen Zielen näher? Was würde passieren, wenn ich loslassen und dieses To-do nicht tun würde?

7. *Beginnen, bewältigen und beenden Sie den Tag positiv.* 7. Positiv denken
Ihre innere Einstellung bestimmt Ihr Verhalten und das Ihrer Umwelt. Denken, handeln und leben Sie positiv. Haben Sie auch Spaß an Ihrem Erfolg.

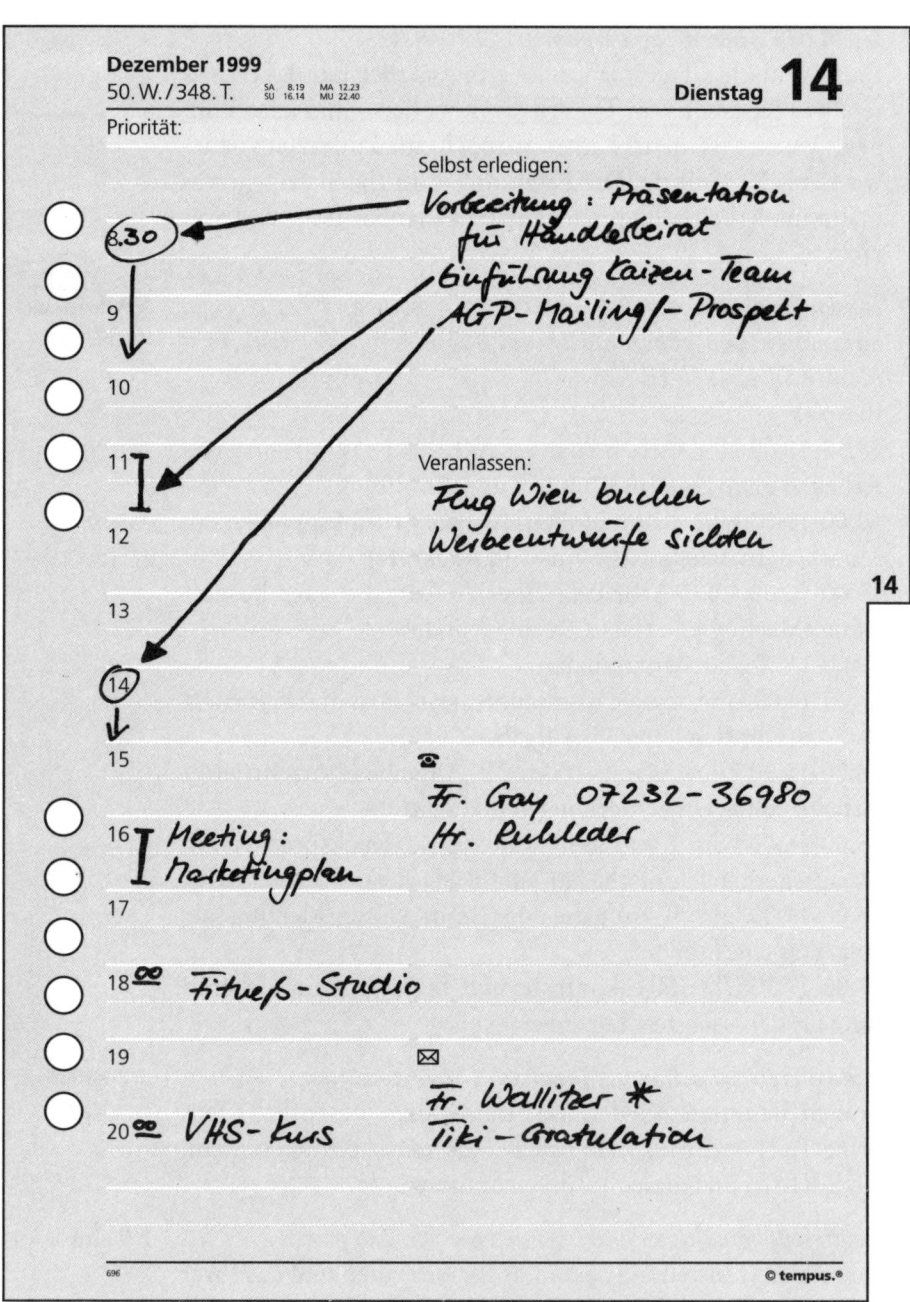

Dezember 1999
50. W. / 348. T. SA 8.19 MA 12.23
　　　　　　　　SU 16.14 MU 22.40
Priorität:

Dienstag 14

14

Selbst erledigen:

Vorbereitung : Präsentation für Händlerbeirat
Einführung Kaizen-Team
AGP-Mailing / -Prospekt

8.30
9
10
11
12
13
14
15

Veranlassen:

Flug Wien buchen
Werbeentwürfe sichten

☎

Fr. Gay 07232-36980
Hr. Ruhleder

16 *Meeting: Marketingplan*
17

18°° *Fitneß-Studio*

19 ☒

Fr. Wallitzer ✳
20°° *VHS-Kurs*   *Tiki - Gratulation*

696   © tempus.®

TAGESPLAN

184

12.2 Persönliche Tagesschau

Ein persönliches Erfolgstagebuch zeigt Ihnen Punkte auf, die Sie nie bewusst wahrgenommen hätten, gäbe es kein *Erfolgsprotokoll*. Sie fokussieren sich automatisch auf das Positive, nämlich Ihre Stärken und Erfolgserlebnisse. Von der psychologischen Wirkung her macht es schon einen Unterschied, ob Sie nur einfach in den Tag hineingehen oder bereits morgens wissen, dass Sie abends ihr Tun protokollieren: Sie fühlen sich Ihren Vorsätzen und Zielen stärker verbunden und verpflichtet.

Tägliches
Erfolgsprotokoll

Am Ende eines Tages sollten die *Nacharbeit* und Planung des nächsten Tages erfolgen. Unsere Checkliste, die Sie z. B. kopieren und in Ihr Zeitplanbuch heften können, gibt Ihnen dazu einige konkrete Anregungen:

Tägliche
Nacharbeit

Persönliche Tagesschau

Tagesschau

- Hat mich der heutige Tag meinen Zielen näher gebracht?
- Was habe ich heute gelernt und mache ich in Zukunft anders?
- Hätte ich auf bestimmte Aktivitäten verzichten können?
- Habe ich alle meine Ideen und Einfälle im Zeitplanbuch notiert?
- Wie kann ich mich belohnen und es mir gutgehen lassen?
- Was ist das Schönste, das ich heute noch tun könnte?
- Wie plane ich den nächsten Tag?

12.3. Persönliche Erfolgsbilanz

Am Ende einer *Woche* sollte eine persönliche Erfolgsbilanz stehen:

Wochenbilanz

> SIEBEN TAGE »ZEIT FÜR ERFOLG« –
> BILANZ MEINER PERSÖNLICHEN ERFOLGSWOCHE
>
> 1. Ich mache mir mein *Leitbild* und meine *Lebenshüte* oder
>   *-rollen* bewusst.
>   - Positiv vor-denken und motivierende Ziele setzen!
>   - Schlüssel zum Erfolg = Balance in allen Lebensberei-
>   chen!
>
> 2. Ich konzentriere mich auf meine *Schlüsselaufgaben.*
>   - Das wirklich Wichtige tun, um erfolgreich zu sein!
>   - Beruf und Privatleben gehören zusammen (Balance)!
>
> 3. Ich plane meine Aktivitäten im Hinblick auf meine *Ziele.*
>   - Am Vorabend den neuen Tag – schriftlich – planen!
>   - Das Unterbewusstsein für sich arbeiten lassen!
>
> 4. Ich setze *Prioritäten* und tue die »richtigen« Dinge.
>   - Wichtiges zuerst anpacken – Unwichtiges lassen!
>   - Vorsicht vor der Tyrannei der Dringlichkeit!
>
> 5. Ich erledige alle *Aktivitäten* diszipliniert und konse-
>   quent.
>   - Wenn nicht jetzt – wann dann? Keine Aufschieberitis!
>   - Große, schwierige Dinge in kleine Schritte aufteilen!
>
> 6. Ich schalte *Störfaktoren* und Zeitdiebe aus.
>   - Situativ Nein sagen und einfach loslassen können!
>   - Zeit für Unerwartetes und Spontanes einplanen!
>
> 7. Ich ziehe Bilanz und genieße meine *Erfolge.*
>   - Erledigtes und Erreichtes als Erfolge verbuchen!
>   - Sich selbst und andere gebührend belohnen!

Tägliche Motivation

Bei der tagtäglichen Umsetzung stellt sich schließlich die entscheidende Frage, wie ich immer wieder die notwendige Energie,
Power und Selbstdisziplin aufbringen und mich selbst motivieren
kann, um regelmäßig Erfolg zu haben.

Kapitel 13
Siebter Schritt: Energie, Power und Selbstdisziplin aufbringen – Basis für Ihren täglichen Erfolg

von *Ann McGee-Cooper*, Dallas/Texas,
ins Deutsche übertragen und bearbeitet von *Lothar J. Seiwert*

»Glaube an deine Grenzen, und du wirst zweifellos Recht behalten.«
Richard Bach, Autor von Die Möwe Jonathan

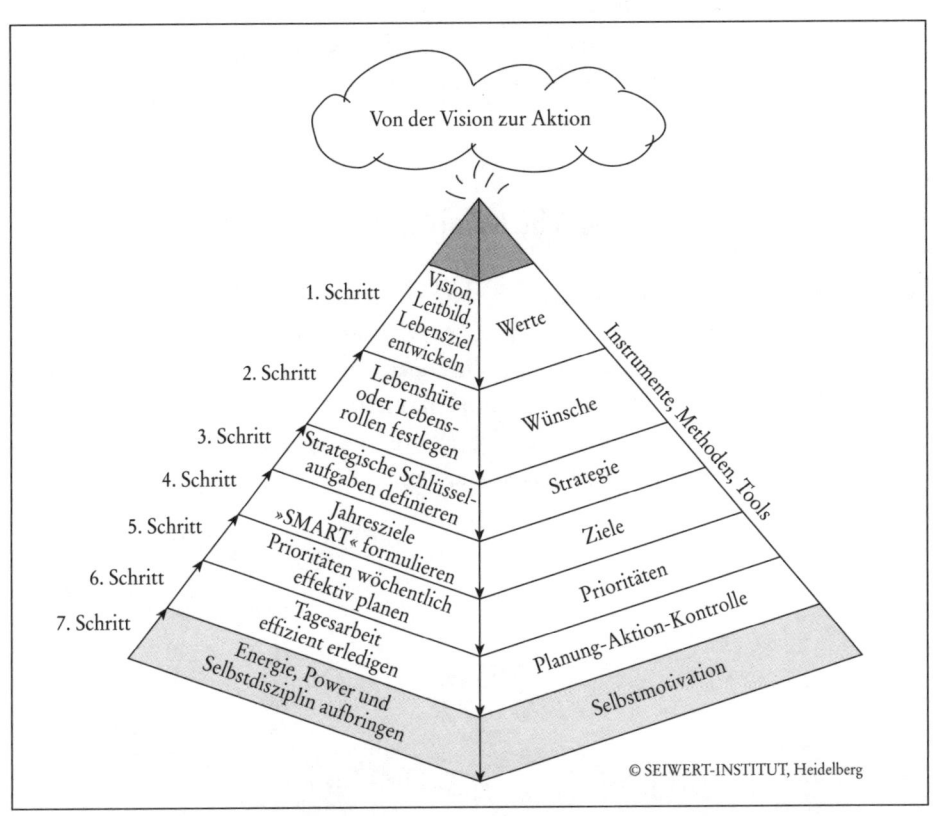

ERFOLGSPYRAMIDE ZUR EFFEKTIVITÄT

Erfolg durch Selbstdisziplin

Einer der besten Wege, mehr Zeit in Ihrem Leben zu gewinnen, ist das Anzapfen Ihrer *Selbstdisziplin*. Es gibt zwei Gründe, warum Sie hierdurch Zeit gewinnen.

Neue Gewohnheiten verankern

- Erstens, sobald Sie ein neues Verhalten zu einer *Gewohnheit* machen (wie z. B. das Planen des nächsten Tages am Ende des Vortages oder das Bereitlegen von Dingen für eine Reise mehrere Tage im Voraus, sobald sie Ihnen einfallen), brauchen Sie sich nicht mehr ständig an diese Handlungen zu erinnern. Das neue Verhalten ist im automatischen, unterbewussten Gedächtnis *verankert*. So haben Sie mehr Platz im bewussten Gedächtnis für kurzzeitige Informationen.

Systematisches Verhalten

- Zweitens, wenn Sie sich durch Selbstdisziplin darauf verlassen können, *immer* eine Terminablage zu benutzen, um sich an bevorstehende Ereignisse zu erinnern, dann verschwenden Sie nie wertvolle Zeit, weil Sie »den nächsten Schritt« zur rechten Zeit vergessen haben. *Systematisches Verhalten* und Selbstdisziplin bringen enorme Vorteile mit sich.

13.1 Der tägliche Kampf mit der Selbstdisziplin

Vorsätze einhalten

Alles, was wir Ihnen bislang erzählt haben, ist eigentlich recht offensichtlich. Was mir oft zu schaffen macht, ist nicht die Frage, ob ich selbstdiszipliniert sein *sollte*, sondern *wie* ich mich dazu bringen kann, das Programm einzuhalten. Für mich war es ein großer Schritt vorwärts, als ich lernte, wie ich mein gesamtes Ich dazu bringen konnte mitzumachen.

188

Nehmen Sie etwas Abstand von Ihrem Leben und lassen Sie Ihre Neugier spielen, wenn eine Stimme in Ihrem Kopf sagt:

Innere Stimme

- »Du musst dich organisieren. Wann räumst du nun endlich deinen Schreibtisch auf und beantwortest deine Post?« Gleichzeitig sagt eine andere Stimme:
- »Du arbeitest immer nur. Ich habe die Arbeit satt. Wenn du mir nicht mal ein wenig Spaß gönnst, schiebe ich einfach alles vor mich hin und finde irgendeine Möglichkeit, Zeit zu verschwenden, sodass mir keine Zeit bleibt, den Schreibtisch aufzuräumen. Das klingt mir viel zu sehr nach Arbeit, und ich bin jetzt schon müde.«

Können Sie sehen, dass die eine Stimme – der erwachsene Teil in Ihnen, der an *Disziplin* glaubt und daran, dass die ganze Arbeit zuerst erledigt werden muss – Sie drängt, weiterzumachen und Ihre Arbeit zu erledigen?

Disziplin

Gleichzeitig jedoch fühlt sich die andere Stimme in Ihrem Kopf, das verspielte kleine Kind, ignoriert und leidet unter *Spaßentzug.* In diesem Fall könnte der kindliche Teil in Ihnen beim Gedanken an mehr Arbeit rebellieren und irgendeine clevere Art und Weise finden, um den erwachsenen Plan durch Rationalisieren oder Schleifenlassen zu sabotieren.

Spaßentzug

Durch Erkennen dieses inneren Dialogs haben wir gelernt, wie wichtig es ist, unseren *Freude-Quotienten* auf einem hohen Niveau zu halten.

Motivation durch Arbeitsfreude

- Wenn das Kleinkind-Ich sich durch Ihren Lebensstil und Ihre gedanklichen Selbstgespräche anerkannt und geschätzt fühlt, kann es enorme Kreativität und Energie entwickeln, um Arbeit zu erledigen.
- Wird es jedoch ignoriert, von Selbstdisziplin drangsaliert und gezwungen, endlose Stunden lang nur zu arbeiten, wird es rebellieren wie ein müdes, griesgrämiges dreijähriges Kind.

Was wir hiermit sagen wollen, ist Folgendes:

Sie müssen einen Ausgleich zwischen Selbstdisziplin und Belohnung herstellen.

Selbstdisziplin und Belohnung

189

Wenn Sie Ihr Bedürfnis, das Leben zu genießen und sich auf schöne Augenblicke zu freuen, nicht ebenso respektvoll einplanen wie Ihr Bedürfnis, verantwortlich zu handeln und Arbeitsziele zu erreichen, könnten all Ihre Anstrengungen in Bezug auf Selbstdisziplin vergebens sein. Sie müssen ein Gleichgewicht finden zwischen Ihrer Pflicht, streng mit sich selbst zu sein, und Ihrer Pflicht, sich für Anstrengungen zu belohnen. Wenn Sie in Ihren Selbstgesprächen ständig kritisch und bestrafend sind, verlieren Sie viel Zeit und wertvolle Energie. Wenn Sie feststellen, dass Sie Dinge vor sich herschieben, anstatt strenger und kritischer gegen sich selbst zu sein, sollte Sie dies neugierig machen. Vielleicht würde es Ihnen viel mehr bringen, wenn Sie sich die Zeit nehmen würden, Freundschaft mit Ihrem rebellierenden Teil zu schließen.

Als ich anfing, an diesem Teil meines Lebens zu arbeiten, nahm mein Erstaunen kein Ende. Jahrelang hatte ich total übersehen, wie wertvoll und wichtig mein eigenes *Bedürfnis nach Spiel und Spaß* war. Für mich störte dieses Bedürfnis lediglich wichtige Arbeitsziele. Spiel und Spaß war für mich etwas, was ich erst genießen durfte, *nachdem ich all meine Arbeit abgeschlossen hatte* und *nur wenn* ich alle Arbeit abgeschlossen hatte, wozu ich jedoch immer seltener in der Lage war. Demzufolge wurde ich immer müder und abgespannter und schob Aufgaben immer länger vor mir her. Ich hatte immer mehr Schuldgefühle und fühlte mich wertlos. So war ich der Meinung, dass ich keine Zeit zum Spielen verdient hatte, und fühlte mich dabei unwohl.

Als ich dann anfing zu erkennen, dass Spiel und Spaß den ganzen Tag hindurch genauso wichtig sind wie gesundes Essen und erholsamer Schlaf, begann mein Leben sich zu wandeln. Wenn man sich erlaubt, unter *Spaßentzug* zu leiden, ist dies genauso unverantwortlich und dumm, als würde man so lange nicht schlafen, dass man unnötige Fehler macht und nicht richtig funktioniert.

> Wer *unvernünftigen* Spaß bei seiner Arbeit zulässt, erschließt zusätzliche kreative Potenziale.

Wenn Sie *Freundschaft mit dem inneren Kind* in sich schließen und Ihre Selbstdisziplin auf einer Basis von ausgewogenem Engagement und Respekt für hochwertige Qualität in Ihrer Arbeit und in Ihrem Spiel aufbauen, werden sich schon bald gewaltige synergetische Kräfte in Ihrem Leben entwickeln. Dies ist das Geheimnis, dass sich so viele Genies in ihrer Lebensweise zunutze gemacht haben. Viele von ihnen kamen hierdurch jeden Tag in den Genuss von vielen zusätzlichen, nützlichen Stunden und lebten häufig ein langes und befriedigendes Leben. Pablo Picasso, Winston Churchill und Albert Einstein sind Beispiele für eine solche ausgewogene Lebensweise, bei der sie ihr ganzes Leben lang kindlich blieben und mehrmals täglich Momente des Spiels genossen.

Arbeit und Spaß als Schlüssel zum Erfolg

13.2 Gewinnung von geistiger Energie

Neue Forschungsarbeiten über das Gehirn weisen darauf hin, dass das, was wir früher dem Gehirn zugeordnet haben, nunmehr aus dem ganzen Körper zu kommen scheint. Wir unterscheiden heute nicht mehr streng zwischen dem Gehirn und dem Rest des Körpers: »Informationsmoleküle«, so genannte Neurotransmitter, verbinden das Gehirn, das Immunsystem, den Magen-Darm-Trakt und das Nervensystem miteinander, sodass die *Gehirnfunktion* heute über den gesamten Körper verteilt scheint.

Gehirnfunktion im ganzen Körper

Vor diesem Hintergrund weisen wir darauf hin, dass Informationen über *linkshirnige* und *rechtshirnige* Funktionen mehr als allgemeine *Metaphern* zu betrachten sind und nicht als Informationen über die eigentliche Herkunft oder den Sitz bestimmter Verhaltensmuster.

Hirn-dominanzen

- Wir wissen, dass einige Menschen das Leben mit einem recht durchorganisierten, linearen, sequenziellen, routinemäßigen, repetitiven und konformistischen Muster angehen.

Linkshirnig

- Andere Menschen verwenden einen fast gegensätzlichen Prozess, der unorganisiert, ganzheitlich, divergent, zufallsbedingt, unvorhersehbar und unkonformistisch erscheint.

Rechtshirnig

Der erste Lebensstil wird im Geschäftsleben hoch geschätzt und belohnt. Die industrielle Revolution hat das ausgeprägte Bewusst-

Unterschiedliche Arbeitsstile

sein mit sich gebracht, dass vorhersehbare Wiederholungen positiv sind. Da das Geschäftsleben heute jedoch schnellen Veränderungen unterliegt, steht der erste, bürokratische Arbeitsstil dem neuen Bedürfnis nach schneller Veränderung, nach kreativen Reaktionen und Innovation im Wege.

Positive
Ergänzungen

Beide Stile sind
wichtig

Zwischen dem *linkshirnigen* und dem *rechtshirnigen* Arbeitsstil gibt es keine Gegensätze, sondern wirkungsvolle Ergänzungen.

Wenn wir versuchen zu entscheiden, welcher dieser *beiden Arbeitsstile* der bessere ist, stellen wir den einen gegen den anderen und können nur verlieren. Beide Stile haben ihren Wert und ihre Mängel. Wenn wir jedoch einen Weg finden, um beide Stile zu vereinen und von den Vorteilen beider zu profitieren und ihre Nachteile ins Gleichgewicht zu bringen, erzeugen wir eine Synergie aus beiden. Das Ergebnis geht weit über eine Verdoppelung hinaus.

Bedürfnisse des
persönlichen
Arbeitsstils
berücksichtigen

Menschen, die ausgebildet wurden, eine Seite ihres Gehirns mehr oder weniger ausschließlich zu benutzen, waren relativ unfähig, die andere Seite einzusetzen, und zwar sowohl im Alltag als auch in Situationen, in denen die speziell mit der anderen Seite verbundenen Aktivitäten benötigt wurden. Das bedeutet für Ihr Zeit- und Selbstmanagement:

Achten Sie auf Ihren persönlichen Arbeitsstil und sorgen Sie dafür, dass er folgende Bedürfnisse ausgewogen berücksichtigt:

- Das Bedürfnis nach *optischer Ordnung* ebenso wie das Bedürfnis nach *traditioneller Ordnung*;

- Das Bedürfnis nach *produktiver* Arbeit im Gleichgewicht mit dem Bedürfnis nach vergnüglichem *Spiel*;
- Das Bedürfnis nach nützlichen *Arbeitsmitteln* und das Bedürfnis nach *Spielzeug* und Dingen, die Sie gerne um sich haben.

13.3 Gewinnung von Power und körperlicher Energie

Vielleicht machen Sie sich jetzt auf eine Predigt über tägliche Fitnessübungen und die Gefahren all Ihrer Lieblingsgerichte gefasst und haben Schreckensvisionen, wie Ihnen das, was Ihnen noch vom »guten Leben« geblieben ist, weggerissen wird, während Sie mit ganzer Kraft protestieren. Keine Sorge! Neue Forschungsarbeiten haben all dies in eine neue Perspektive gebracht.

Tägliche Fitness und Energie

Wir lernen, dass die Einstellung »ohne Fleiß kein Preis« in Bezug auf körperliche Betätigung für die meisten von uns nicht unbedingt am besten ist. Wenn Sie Muskeln aufbauen wollen, ist dies natürlich etwas anderes. Wenn Sie jedoch das Ziel verfolgen, fit zu werden und zu bleiben – in Bezug auf Kreislauf, Herzgefäßsystem und Stoffwechsel –, dann deuten neue Forschungsarbeiten des *Cooper Aerobic Center* in Dallas, Texas, darauf hin, dass ein wesentlich *sanfterer* Ansatz sogar besser sein kann.

Sanfter Ansatz

Dr. Kenneth Cooper, Gründer des Zentrums, sagt, dass jeder, der über etwa zehn Meilen pro Woche läuft, dies nicht mehr aus Fitnessgründen tut. Außerdem wurde festgestellt, dass 20- bis 45-minütiges Spazierengehen, Joggen oder sogar gemächliches Schlendern drei- bis viermal pro Woche Ihnen bereits einen gewissen Grad an Fitness verleiht. Natürlich steigern die Länge und die Geschwindigkeit Ihres Spaziergangs Ihren Herzschlag, und das Aufrechterhalten einer bestimmten Herzschlagfrequenz über 20 bis 45 Minuten steigert wiederum Ihre Lungenkapazität. Aber das Center hat festgestellt, dass bereits weit weniger intensive Anstrengungen als ursprünglich vermutet äußerst nutzbringend sind.

Weniger Anstrengung führt besser zum Ziel

> Weniger Anstrengung und mehr Spaß bewirken mehr als harter Fitnessfanatismus.

Ein weiteres Ergebnis war, dass es wichtig ist, dass sie *Spaß* an Ihrer körperlichen Betätigung haben. Nicht nur ist es viel wahrscheinlicher, dass Sie Ihr Fitnessprogramm auch tatsächlich aufrechterhalten, wenn Sie Wege finden, sich auf dieses häufige Geschenk an sich zu freuen, und es Ihnen wirklich Spaß macht, außerdem werden dadurch, dass Sie Spaß haben, wichtige Neurochemikalien in Ihrem Körper produziert, die die positiven Auswirkungen Ihres Programms noch weiter verstärken. Wenn Sie andererseits absolut *ungern* joggen, sich jedoch trotzdem dazu zwingen, können die negativen Hirnchemikalien, die durch diesen selbst auferlegten Zwang freigesetzt werden, einen Teil des Nutzens stornieren.

Ein weiteres interessantes Ergebnis der Cooper-Forschung: Wenn Sie die Treppen anstatt des Fahrstuhls nehmen, weiter vom Büro oder Laden entfernt parken und andere, über den Tag verstreute Gelegenheiten der *körperlichen Betätigungen* nutzen, hat dies tatsächlich *positive Auswirkungen.*

> Lassen Sie keine Gelegenheit zur körperlichen Betätigung aus – jeden Tag!

Früher dachte man, dass man den Herzschlag auf eine aerobische Höhe bringen und über einen längeren Zeitraum dort halten müsse, um Nutzen aus der körperlichen Betätigung zu ziehen. Jetzt lernen wir jedoch, dass der *Nutzen sanfterer Leibesübungen* zwar nicht so groß sein mag, dass es jedoch immer noch einen durchaus wertvollen Nutzen gibt, von dem man profitieren sollte, indem man den ganzen Tag hindurch Gelegenheiten zur körperlichen Betätigung wahrnimmt.

Wenn Sie von besserer Gesundheit, mehr Energie, gesteigerter Gehirnfunktion und einer verbesserten Lebenseinstellung profitieren möchten (all dies wirkt sich auf Ihre Zeitmanagement-Qualität aus), müssen Sie unbedingt Ihre *Ernährung* für den Rest Ihres Lebens umstellen.

Viele Leute verschleißen sich, indem sie Nahrungsmittel essen, die an der Energie zehren und den Körper viel härter als nötig arbeiten lassen.

13.4 Tipps für täglich mehr Power und Energie

Tipp 1: Gestalten Sie die Veränderungen positiv!

Sehen Sie die von Ihnen gewählten Veränderungen als *Geschenk an sich selbst* und beschreiben Sie diese positiv. Wenn Sie sich sagen, dass diese Veränderungen »erzwungen« sind, werden Sie Ihr Vorhaben kaum durchhalten.

Veränderungen als Chance

Lernen Sie, eine Vielzahl frischer Früchte wie Erdbeeren, Blaubeeren, Brombeeren und Melonen oder Pfirsiche zu genießen. *Gedünstetes und frisches Gemüse ist köstlich.* Stellen Sie sich ganz allmählich um. Experimentieren Sie mit neuen Salaten. Fügen Sie Ihrer Ernährung viele Arten von Nüssen, Körnern und Kernen hinzu. Es gibt viele kreative Kochbücher und Quellen über gesundes Essen.

Obst und Gemüse

Wir empfehlen Ihnen, eine/n Freund/in oder die Ehefrau/den Ehemann als Partner anzuwerben und in Ihre Umstellung einzubeziehen. Essen ist ein geselliges Erlebnis, und es hilft, jemand anderen zu haben, der ebenfalls gesünder leben möchte.

Tipp 2: Stellen sie sich allmählich um

Zwingen Sie sich nicht, sofort *alle* Junk-Food-Speisen aufzugeben. Vielleicht könnten Sie erst einmal nur eine energiehaltige Mahlzeit pro Woche einplanen. Dann drei pro Woche. Dann einmal täglich. Als wir anfingen, die erhebliche Energiesteigerung und das Dahinschmelzen überschüssiger Pfunde zu bemerken, sahen wir die ganze Sache plötzlich ausgesprochen positiv!

Vollwertige Ernährung

Tipp 3: Trinken Sie möglichst wenig Kaffee

Koffein wirkt harntreibend und entzieht Ihrem Körper so wertvolle Nährstoffe. Außerdem regt *Koffein* die Adrenalinproduktion an; dies macht Sie nervös und angespannt, was sich wiederum potenziell negativ auf ihre allgemeine Gesundheit und Produktivität auswirkt.

Koffein reduzieren

Kräutertees und Säfte

Trinken Sie stattdessen mehrmals täglich *Kräutertees* oder *Säfte*. Begrenzen Sie Ihren Kaffeekonsum auf ein oder zwei Tassen pro Tag. Denken Sie daran, dass Koffein auch in Schokolade und den meisten Cola-Getränken enthalten ist.

Tipp 4: Trinken Sie viel Wasser

Viel frisches Wasser

Sechs bis acht Gläser täglich werden empfohlen, damit Ihr System mit Wasser gefüllt und entschlackt bleibt. Müdigkeit und Leistungsschwäche sind allzu häufig das Ergebnis der Stressgifte, die sich im Laufe des Tages im Körper ansammeln. Häufige körperliche Betätigung, langsames, tiefes Atmen und viel frisches Wasser halten Ihr System frisch und voller Energie.

Tipp 5: Atmen Sie häufig tief und langsam ein

Viel Sauerstoff

Langsam atmen, mehr Luft einatmen als gewöhnlich, dann möglichst Ihre gesamte Lungenkapazität völlig ausatmen – dies kann eine erhebliche Auffrischung Ihres Energiepegels bewirken.

Mehr Balance und Leistungskraft

Wie Sie sehen, regen wir Sie dazu an, Ihrem Leben mehr *Balance und Leistungskraft* zu verleihen, wodurch Sie Zeit sparen und letztlich *mehr Zeit* haben werden. Außerdem ermutigen wir Sie, kreative Wege zu finden, um all diese Veränderungen positiv, angenehm und vergnügsam zu gestalten. All dies fügt eine positive Dimension von Freude und frischer Energie hinzu. Fünf oder zehn Pfund überflüssiges Gewicht verlieren fühlt sich an, als würde man eine Bowlingkugel ablegen, die man ständig mit sich herumgetragen hat. Sie werden erstaunt sein, wie viel *mehr Energie* Sie haben.

DRITTER TEIL
ZEIT UND PERSÖNLICHKEIT – »TYPGERECHTES« SELBSTMANAGEMENT IM ALLTAG

Kapitel 14
Persönlichkeit ist gefragt

»Behandle die Menschen so, als wären sie, was sie sein sollten,
und du hilfst ihnen zu werden, was sie sein könnten.«
Johann Wolfgang von Goethe

Nicht jede Zeit- und Selbstmanagement-Methode funktioniert für jedermann gleichermaßen:

Unterschiede im Zeitmanagement

- Dominik hält sich nicht lange mit Planen auf und kommt schnell auf den Punkt.

Dominant

- Inge reagiert häufig spontan, verspätet sich bei Abgabeterminen, kann schlecht »Nein« sagen.

Initiativ

- Steffi arbeitet langsam, aber beständig, wird aber durch Termindruck sehr gestresst.

Stetig

- Gustav erledigt Dinge lieber gründlich als gar nicht und plant gerne bis ins letzte Detail.

Gewissenhaft

Menschen sind nun einmal verschieden, und Zeitmanagement-Tipps, die unterschiedliche Persönlichkeitsstrukturen berücksichtigen, helfen auch »chaotischen« Zeitmanagern, ihren Arbeitsalltag besser in den Griff zu bekommen. Unsere Co-Autorin, die Amerikanerin Ann McGee-Cooper, spricht hier von *Time Management for Unmanageable People.* Jeder von uns verfügt über Stärken im Umgang mit der Zeit, aber auch über Engpässe, Begrenzungen oder Nicht-Stärken. Wir sind dann am effektivsten, wenn wir unsere *Stärken* richtig einsetzen und ausbauen können.

Verschiedene Persönlichkeitsstrukturen

Im *zweiten Teil* des Buches ging es darum herauszufinden, welches die »richtigen« Dinge in Ihrem Leben sind und wie Sie sich konsequent auf das Wesentliche konzentrieren. In diesem *dritten Teil* erhalten Sie Hilfen und Tipps, diese Punkte – insbe-

Das DISG-Persönlichkeitsmodell als Ausgangspunkt

sondere im Umgang mit anderen – auch »richtig« zu tun. Die Grundlage bildet das bekannte DISG-Persönlichkeitsmodell (DISG = Dominant-Initiativ-Stetig-Gewissenhaft). Es erweist sich als psychologische Landkarte, die es Ihnen erleichtert, sich in der Landschaft »menschliche Persönlichkeit« zurechtzufinden.

Persönlichkeit als Schlüssel zum Erfolg

Im Umgang mit anderen liegen der Weg und der Schlüssel zum Erfolg – nicht nur im Zeit- und Selbstmanagement. Die Frage nach der erfolgreichen *Persönlichkeit* ist so alt wie die Menschheit. Die bekannte »eierlegende Wollmilchsau, Version tieftauchfähig und höhenerfahren« gibt es bekanntlich nicht. Erfolgreiche Persönlichkeiten haben es jedoch geschafft, ihr inneres Potenzial und ihr äußeres Verhalten miteinander in Einklang zu bringen. Sie sind ganz sie selbst und versuchen nicht, bewusst oder unbewusst Rollen zu spielen, die nicht zu ihnen passen. Erfolgreiche Persönlichkeiten entwickeln ihren eigenen Lebens- und Verhaltensstil. Sie kennen ihre Stärken und Grenzen und wissen damit so umzugehen, dass sie auch kritische Situationen oder Konflikte – ob mit Chefs, Kollegen, Kunden oder auch in privaten Partnerschaften – souverän meistern.

Zeit- und Selbstmanagement

Zeitmanagement bedeutet, die eigene Arbeit und Zeit zu beherrschen, statt sich von ihr beherrschen zu lassen. Viele bemühen sich jeden Tag mehr oder weniger erfolgreich, ihre verschiedenen Aufgaben, Prioritäten, Termine und Routinearbeiten übersichtlich und klar zu organisieren. Wir können »Zeit« als unseren größten Engpass im Leben nicht ausdehnen oder vermehren, sondern nur die vorhandene Zeit besser nutzen.

Zeit und Persönlichkeitstyp

Unser eigener Umgang mit *Zeit* hängt entscheidend von unserer *Persönlichkeit* ab. Je nach Typ und Situation zeigen sich gravierende Unterschiede und Schwierigkeiten, nämlich darin,

- wie jeder auf terminliche Zwänge und Zeitdruck reagiert,
- wie gut oder konsequent er sich selbst und andere diszipliniert,
- wie viel Energie der Einzelne hat, um Aufgaben rechtzeitig zu erledigen
- und wie jeder mit dem Setzen und Erreichen von Zielen umgeht.

Unterschiedliches Verhalten

Unterschiedliches *Zeitverhalten* können Sie z. B. beobachten, wenn Sie mit anderen in Meetings zusammenarbeiten, an diese

202

delegieren oder als »externer Störfaktor« mit ihnen kommunizieren wollen. Die Ursache, warum Menschen bei Zeitproblemen durchaus völlig verschieden reagieren, liegt meistens darin, dass hier unterschiedliche Persönlichkeits-Typen aufeinander getroffen sind.

Unsere nachfolgenden Empfehlungen zeigen Ihnen, wie Sie auf die einzelnen Verhaltensstile bei Zeit- und Selbstmanagementproblemen im Alltag *situativ* besser reagieren können. Wir konzentrieren uns dabei auf das im deutschsprachigen Raum relativ weit verbreitete und bekannte Persönlichkeitsmodell »DISG« (Dominant-Initiativ-Stetig-Gewissenhaft).

Verhaltensstile beim Zeit- und Selbstmanagement: DISG-Modell

»Persönlichkeit« stellt eine wichtige Erfolgsgrundlage für Zeitsouveränität und Effektivität dar.

Kapitel 15
Das DISG-Persönlichkeitsmodell:
Vier Zeittypen – vier Zeitstrategien

*»Persönlichkeiten, nicht Prinzipien bringen die Zeit
in Bewegung.«*
Oscar Wilde

**DISG: den
eigenen Zeittyp
erkennen**

Das DISG-Modell hilft Ihnen, Ihren eigenen Zeittyp und den
Zeitverhaltensstil anderer besser zu erkennen, um richtig, d. h.
typgerecht, auf sie einzugehen. So finden sich bei jedem Menschen vier grundlegende, beobachtbare Verhaltensmuster in unterschiedlicher Intensität wieder.

15.1 Dominant – Initiativ – Stetig – Gewissenhaft

*»Nur eines beglückt zu jeder Frist:
Schaffen, wofür man geschaffen ist.«*
Paul Heyse, Lyriker

**DISG-Modell:
menschliches
Verhalten**

Das *DISG-Persönlichkeitsmodell* unterscheidet vier Verhaltensstile. Diese ergeben sich aus den Gegensatzpaaren extrovertiert
oder introvertiert sowie menschen- oder sachorientiert. Menschen sind eher

- *sachorientiert,* wenn sie lieber Angebote prüfen und vergleichen oder Testberichte, Unterlagen, Konzepte durcharbeiten;
- *menschenorientiert,* wenn sie lieber Gespräche von Angesicht
zu Angesicht führen oder Präsentationen in Meetings mit anderen bevorzugen;

- *introvertiert*, wenn sie lieber abwarten oder ein Problem genau durchdenken, bevor sie handeln;
- *extrovertiert*, wenn sie lieber spontan vorgehen, gefühlsmäßig entscheiden und möglichst schnell Ergebnisse erzielen wollen.

Auf der Grundlage dieser beiden Achsenpole beobachtete und beschrieb der amerikanische Psychologe *William Moulton Marston* bereits in den zwanziger Jahren vier grundlegende Verhaltensstile eines Menschen: »Dominance« – »Inducement« – »Submission« – »Compliance«. Diese Verhaltensmuster »D-I-S-G« finden sich bei jedem Menschen in unterschiedlicher Intensität wieder und ergeben so vier Grundtypen der Persönlichkeit: Vier Verhaltensstile nach W. Marston

- *Dominante* Menschen zeigen ein aufgabenorientiertes und extrovertiertes Verhalten: den Drang, die Kontrolle zu übernehmen und Ergebnisse zu erzielen. »Dominante« wollen Herausforderungen annehmen und siegen. Dominant
- *Initiative* Menschen zeigen ein extrovertiertes und menschenorientiertes Verhalten: den Drang, andere zu motivieren, sich auszudrücken und gehört zu werden. »Initiative« wollen andere überzeugen und beeinflussen. Initiativ
- *Stetige* Menschen zeigen ein menschenorientiertes und introvertiertes Verhalten: den Drang nach Stabilität und Harmonie. »Stetige« wollen andere unterstützen und für geordnete Beziehungen sorgen. Stetig
- *Gewissenhafte* Menschen zeigen ein introvertiertes und aufgabenorientiertes Verhalten: den Drang, das Richtige »richtig« zu tun. »Gewissenhafte« wollen Ärger vermeiden und achten auf Präzision und Genauigkeit. Gewissenhaft

Dabei zeigt jeder Mensch generell Verhaltenstendenzen aus *jedem* dieser vier Stile. Wir neigen jedoch dazu, je nach beruflichem oder privatem Umfeld, einen dieser Stile öfter an den Tag zu legen als die Verhaltenstendenzen der anderen drei Stile. Sie können Ihre *Effektivität* im Zeit- und Selbstmanagement verbessern, wenn Sie im Arbeitsalltag Ihre persönlichen Eigenheiten, aber auch die Ihrer Mitmenschen stärker berücksichtigen. Unser kurzer *Test* hilft Ihnen bei der Einschätzung Ihres persönlichen Zeitverhaltens. Persönliche Effektivität verbessern

DIE VIER VERHALTENSWEISEN D-I-S-G

Test: Welcher Zeit-Typ sind Sie?

Kurz-Test *Anleitung:* Versetzen Sie sich in eine bestimmte, möglichst *konkrete Situation* aus Ihrem Arbeitsumfeld. Wählen Sie dann aus den vier Statements in Kategorie 1 (»Wenn ich über Ziele nachdenke ...«) dasjenige aus, das Ihrer Einschätzung nach am ehesten auf Sie zutrifft. Schreiben Sie eine »4« in das Kästchen hinter dieser Ausgabe (Spalte 1). Die anderen Verhaltensweisen in Kategorie 1 versehen Sie in absteigender Folge (»*Ranking*«) mit »3«, »2« und »1«. Genauso verfahren Sie mit den Kategorien 2 bis 10.

Wichtig: Jede Zahl darf pro Kategorie nur einmal erscheinen!

Es gibt hier keine »falschen« oder »richtigen« Antworten, denn die Begriffe stehen für Ihren bevorzugten Verhaltensstil in einer bestimmten Situation. Das ausführliche Original-DISG-Testmaterial finden Sie in: F. Gay (Hrsg.), *DISG-Persönlichkeitsprofil*, Offenbach: Gabal, 1999.

DISG-Kurztest: Welcher Zeittyp sind Sie?

Einschätzung Ihres Zeitmanagement-Verhaltens

1. Wenn ich über Ziele nachdenke ...   ❶ ❷

... fallen mir tausend Dinge ein, auf die ich Lust hätte. .... ◆

... brauche ich dazu Zeit. Ein Gesprächspartner ist mir eine große Hilfe. .... ●

... weiß ich genau, was ich will. Manchmal ist es aber zu viel auf einmal. .... ▲

... erstelle ich ausführliche und detaillierte Pläne. Manchmal verliere
ich mich in Einzelheiten. .... ■

2. Bei Besprechungen ...

... bin ich pünktlich, gut vorbereitet, korrekt und sorgfältig. .... ■

... argumentiere ich lebhaft, gestenreich und emotional. .... ◆

... bin ich oft ausgleichend und entgegenkommend. .... ●

... bin ich direkt und machmal auch hart gegenüber anderen. .... ▲

3. Wenn ich abgelenkt werde ...

... komme ich manchmal unter Druck, aber das lässt sich nicht vermeiden. .... ●

... reagiere ich des Öfteren verärgert und lasse es den Störer sofort wissen. .... ▲

... reagiere ich kritisch, kann dies aber schlecht zum Ausdruck bringen. .... ■

... lege ich gern einen kleinen Zwischenstop ein. Gute Kommunikation
ist nämlich wichtig. .... ◆

4. Wenn ich an den Papierkram denke ...

... dann kostet es mich sehr viel Zeit, alles ganz durchzulesen und durchzuarbeiten. .... ●

... finde ich vieles so interessant. Manchmal komme ich nicht dazu,
alle Magazine durchzusehen. .... ◆

... gehört für mich das meiste in den Papierkorb, meinen besten Freund
im Büro. .... ▲

... sind mir genaue Informationen sehr wichtig. Ich sammle sie, lege sie
ab und finde sie auch wieder. .... ■

5. Wenn ich mit anderen zusammenarbeite ...

... habe ich manchmal Sorgen, weil nicht gründlich genug gearbeitet wird. .... ■

... geht es mir oft zu langsam. .... ▲

... finde ich das toll, weil Zusammenarbeit Spaß macht. .... ◆

... arbeite ich am liebsten eine Aufgabe nach der anderen ab. .... ●

6. Wenn ich unter zeitlichen Druck komme ...

... fühle ich mich von der Fülle der Arbeit überfordert und komme
unter Stress. .... ●

... organisiere und konzentriere ich mich besser. Manchmal bin ich
etwas zu spät dran. .... ◆

... konzentriere ich mich auf das Wesentliche und gebe kräftig Gas. .... ▲

... befürchte ich, dass die Aufgaben nicht mit der notwendigen Qualität
erledigt werden können. .... ■

207

7. Wenn ich mit anderen spreche ...

... führe ich meistens das Gespräch oder will das Sagen haben. .... ▲

... finde ich schnell Kontakt und bringe mich durch eigene Beiträge ein. .... ◆

... bin ich freundlich, geduldig und am Anfang meistens reserviert. .... ●

... beobachte ich viel, gebe diplomatische Antworten und unterbreche andere nicht. .... ■

8. Wenn ich in Schwierigkeiten komme ...

... bin ich schnell verunsichert und versuche, wieder stabile Zustände herzustellen. .... ●

... sehe ich Schlimmes auf mich zukommen und versuche die Probleme zu analysieren. .... ■

... bin ich schnell aggressiv und suche Schuldige. .... ▲

... versuche ich zu verhindern, am Schluss der Dumme zu sein. .... ◆

9. Wenn ich plötzlich neue Aufgaben übernehmen muss ...

... frage ich nach und bitte um weitere Informationen, um nicht überrascht zu werden. .... ■

... habe ich sehr schnell die ersten Ideen, wie diese erledigt werden können. .... ◆

... brauche ich etwas Zeit, da ich damit nicht gerechnet habe. .... ●

... bekomme ich neue Energie und Motivation. .... ▲

10. Bei notwendigen Entscheidungen ...

... treffe ich diese nach kurzer Überlegung und Beachtung der Daten und Fakten sehr schnell. .... ▲

... brauche ich Zeit, um mit Sicherheit die richtige Wahl zu treffen. Ich gehe Schritt für Schritt vor. .... ●

... gehe ich analytisch und logisch vor, wäge die Risiken ab und hole mir alle Informationen ein. .... ■

... entscheide ich mich recht schnell. Manches muss man einfach einmal ausprobieren. .... ◆

Auswertung: Wenn Sie alle Punkte verteilt haben, zählen Sie die Punktwerte für jedes einzelne Symbol (Spalte 2) zusammen – Beispiel: 3■, 1■, 2■, 4■, 2■ etc. = *12 Punkte bei* ■ = G – und tragen Sie in die Auswertungsbox die jeweiligen *Summen* ein (Kontrolle: Gesamtsumme = 100):

Auswertungsbox			
▲ = D	◆ = I	● = S	■ = G
.... Punkte	.... Punkte	.... Punkte	.... Punkte

Die Symbole bzw. Buchstaben mit den beiden *höchsten Punktzahlen* zeigen Ihnen sofort, in welchen Bereichen Ihre *Stärken* und täglichen *Herausforderungen* liegen:

- D: Der *dominante Typ* ist motiviert, Probleme zu lösen und schnelle Ergebnisse zu erreichen. Er stellt den Status quo infrage, bevorzugt direkte Antworten, vielfältige Tätigkeiten und Unabhängigkeit.

  Von seinem *Zeitmanagement-Verhalten* her ist er entscheidungsfreudig und direkt. Er arbeitet und denkt mehr in Überschriften und will möglichst viel in möglichst kurzer Zeit erledigen.

  Vom *Zeitplanbuch* her gesehen genügt ihm oft der Wochenplaner. Mehr Platz pro Tag wird von ihm sowieso nicht benötigt. Was er vor allem braucht, ist die Übersicht.

- I: Der *initiative Typ* ist motiviert, andere zu überzeugen und zu beeinflussen. Er ist offen und drückt seine Gedanken und Gefühle meist in optimistischen Worten aus. Er arbeitet am liebsten mit anderen zusammen.

  Von seinem *Zeitmanagement-Verhalten* ist er oft hoffnungslos verzettelt. Weil er sich fast keine oder nur wenig Notizen macht, vergisst er relativ viel und ist ständig auf der Suche nach irgendetwas, das er verlegt hat. Er kommt zu Terminen in der Regel auf den »letzten Drücker« oder sogar zu spät.

  Für ihn ist das *Zeitplanbuch* eher Statussymbol. Vor allem sehr strukturierte Zeitplansysteme engen ihn zu sehr ein, sodass für ihn der Wochenplaner sehr oft die bessere Wahl darstellt. Für diesen Typ gilt ganz besonders: Weniger ist mehr.

- S: Der *stetige Typ* ist motiviert, ein berechenbares, organisiertes Umfeld zu schaffen. Er ist geduldig und ein guter Zuhörer. Er ist lieber Teammitglied als Teamleiter. Er hört lieber zu, als selbst zu reden. Er braucht Stabilität.

  Von seinen Anlagen her gesehen hat er für *Zeitmanagement* eine natürliche Begabung. So schreibt er sich Informationen auf, weil er damit rechnet, sie sonst zu vergessen, und er beginnt mit Aufgaben rechtzeitig, um im Fall von Schwierigkeiten noch reagieren zu können.

  Für ihn ist der Tag auf zwei Blättern die beste Wahl als *Zeitplansystem*. Kommt er unter Zeitdruck, artet das bei ihm gleich in Stress aus. Für ihn sind Nicht-Neinsagen-Können und unvorhergesehene Veränderungen die größten Zeitfallen.

- G: Der *gewissenhafte Typ* ist motiviert, hohe Standards zu erreichen. Weil dieser Mensch Ärger vermeiden will, achtet er auf Präzision und Genauigkeit. Der Gewissenhafte ist betont diplomatisch und wägt das Pro und Kontra ab. Er bevorzugt ein Umfeld mit klar definierten Erwartungen.

  Von seinem *Zeitmanagement-Verhalten* her gesehen ist er der »Planer der Nation«. Er plant von Natur aus gern. Oft überzieht er jedoch – er muss daher lernen, schon in der Planungsphase die 80:20-Regel zu benutzen. Seine Zeitfalle heißt Perfektionismus. Er neigt dazu, nach dem Wahlspruch zu leben: »Entweder die Dinge richtig tun oder gar nicht«. Er muss lernen zu delegieren. In puncto Zusammenarbeit muss er akzeptieren lernen, dass andere Menschen auch andere Entscheidungskriterien und eine andere Vorgehensweise haben können.

  Für ihn ist beim *Zeitplansystem* der Tag auf zwei Blättern die beste Wahl. Er braucht Struktur und Berechenbarkeit und erwartet vor allem von sich selbst sehr viel.

Um Ihr *individuelles Profil* herauszuarbeiten, sollten Sie Ihr Ergebnis in das DISG-Diagramm auf der nächsten Seite übertragen. Markieren Sie dazu Ihre Punkte auf den Diagonalen.

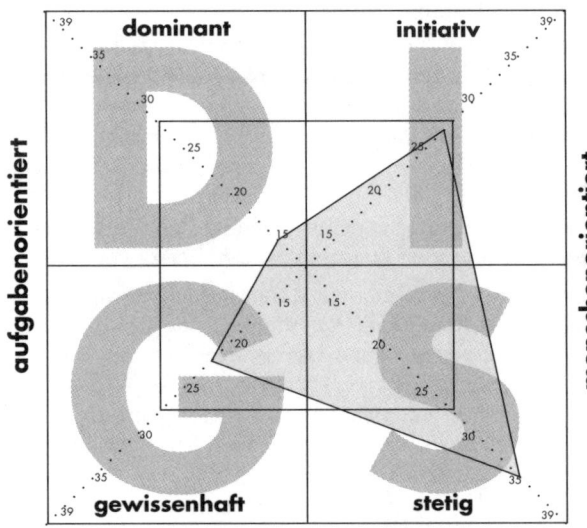

BEIPIEL: STETIG-INITIATIVER ZEITMANAGER

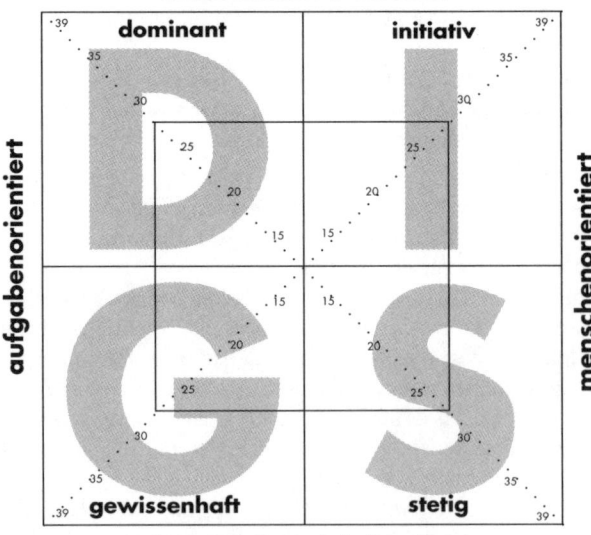

DISG-FLÄCHENDIAGRAMM

Interpretation: Im linken oberen Beispiel-Diagramm können Sie einen stetigen Zeitmanager mit einem hohen initiativen Verhaltensanteil erkennen. Zeichnen Sie nach diesem Muster Ihr persönliches Testergebnis in das untere *Flächendiagramm.* Dabei repräsentiert das Symbol bzw. der Buchstabe mit der *höchsten Punktzahl* Ihr am stärksten ausgeprägtes Verhalten; die Summen der anderen Buchstaben zeigen Ihre Verhaltenstendenzen in den anderen drei DISG-Bereichen. Sie werden feststellen, dass Sie Merkmale von *allen* Verhaltenstendenzen besitzen. Es gibt zum Beispiel weder »den« Dominanten noch »den« Gewissenhaften in Reinkultur, sondern zahlreiche Kombinationsmöglichkeiten aus allen vier Bereichen. Jeder Mensch ist *einzigartig.* Unser Kurztest kann Ihnen jedoch eine grobe Tendenz aufzeigen.

Je nach Persönlichkeitsstruktur gibt es *dominante, initiative, stetige* und *gewissenhafte* Zeitmanager mit individuellen Stärken und Schwächen.

15.2 Der dominante Zeitmanager

»Ich überlege, mein Bauch entscheidet.«
Max Grundig

Dominik Dominator bläst unmittelbar vor dem Start einer von langer Hand vorbereiteten Werbekampagne alle geplanten Aktionen plötzlich wieder ab. Er meint nämlich, mithilfe der neuen

Werbeagentur Dawtschenko schnellere Umatzsteigerungen und eine bessere Marktdurchdringung zu erzielen.

Dominante Zeitmanager

Dominante Zeitmanager würden am liebsten die Zeit anhalten, um sich ihr nicht unterwerfen zu müssen. Sie wollen die Zeit ausnutzen und das Maximale aus jeder Minute herausholen. Zu Verabredungen kommen sie meist pünktlich, behalten sich jedoch immer das Recht vor, zu spät zu kommen, wenn etwas für sie »Wichtigeres« dazwischenkommen sollte.

Dominante warten nicht gern; sie erwarten ganz einfach, dass die anderen auf jeden Fall pünktlich sind und, falls nötig, dann auf sie selbst warten.

Zeitmanagement-Verhalten

Bei einem Dominanten lassen sich bestimmte Vorlieben in seinem *Zeitmanagement-Verhalten beobachten,* die für andere mögliche Stolpersteine darstellen:

- analysiert schnell, erkennt Wesentliches,
- hat ständig seine Ziele vor Augen,
- bewertet Aktivitäten ergebnisorientiert,
- schreibt Dinge nur ungern auf,
- macht nur skizzenhafte Pläne,
- kann gut Nein sagen, wenn seine Ziele und die Situation nicht zusammenpassen,
- will alles sofort, am besten »gestern«, erledigt haben,
- erledigt Dinge nebenbei, während er mit jemandem spricht,
- geht Schreibtischarbeit und zu erledigende Aufgaben zügig an,
- ist bestrebt, Zeitfresser gleich zu beseitigen,

- hasst langweilige Arbeiten oder Unterforderung,
- neigt dazu, zu viele Eisen im Feuer zu haben,
- unterschätzt die Länge der benötigten Zeit,
- handelt impulsiv, ohne die Dinge richtig zu Ende zu denken,
- tendiert zu Durcheinander und Hektik,
- tut nur das, was unbedingt gemacht werden muss; ist wenig organisiert,
- dominiert Diskussionen, vor allem in Meetings,
- forciert Dinge zu schnell und zu oft; meint, Druck auf andere ausüben zu müssen; will, dass andere sich kurz fassen,
- unterbricht andere öfter, möchte selber aber nicht gestört werden,
- unterbricht jeden sofort, wenn ihm etwas »Dringendes« einfällt.

Zehn Zeitmanagement-Tipps für Dominante

Zeitmanagement-Tipps

1. *Setzen Sie Prioritäten.* Nehmen Sie sich Zeit, Ihre Ziele und Erwartungen aufzuschreiben und sich über wichtige Prioritäten klarzuwerden.
2. *Durchdenken Sie ein Projekt* in allen Einzelheiten und schätzen Sie den Zeitbedarf ab, bevor Sie es übernehmen.
3. *Seien Sie mit anderen geduldiger,* geben Sie diesen einen gewissen zeitlichen Vorlauf.
4. *Überschütten Sie andere nicht* mit zu vielen Anliegen und Projekten auf einmal.
5. *Unterbrechen Sie andere weniger,* hören Sie mehr aktiv zu.
6. *Bleiben Sie aufmerksam,* wenn andere mit Ihnen sprechen, halten Sie Blickkontakt.
7. *Wetteifern Sie weniger* und arbeiten Sie mehr mit anderen zusammen.
8. *Erst nachdenken,* dann (weniger voreilig) handeln.
9. *Schalten Sie einen Gang zurück,* verlangen Sie von anderen nicht so viel wie von sich selbst.
10. *Entspannen Sie sich.* Nehmen Sie sich auch einmal bewusst Zeit für Muße, Ruhe, Nichtstun.

15.3 Der initiative Zeitmanager

»Der Mensch ist ein zielstrebiges Wesen,
aber meist strebt er zu viel und zielt zu wenig.«
Günther Radtke

Inge Initiativle atmet erleichtert auf, als ein externer Anruf von
der IHK hereinkommt. Sie unterhält sich lange und freundlich
mit dem Anrufer und lässt dafür den Abgabetermin für ein wich-
tiges, detailliertes Besprechungsprotokoll, an dem sie gerade ge-
langweilt arbeitet, einfach verstreichen. Sie rechtfertigt dieses
Versäumnis für sich – jetzt natürlich ziemlich gestresst – damit,
dass sie die Chance wahrnehmen konnte, PR-Kontakte nach
außen zu pflegen.

Initiative   *Initiative Zeitmanager* tendieren dazu, sehr spontan in der Ge-
Zeitmanager   genwart zu denken und zu handeln. Sie achten nicht allzu sehr auf
die Uhrzeit und auf Termine, weil diese sie einer Struktur unterwerfen. Deshalb kommen Initiative oftmals zu spät. Sie haben andererseits aber auch Verständnis für das Zuspätkommen anderer.

Für hoch Initiative sind Beziehungen wichtiger als Pünktlichkeit. Initiative begeistern sich gern für neue Projekte oder Ideen
und versuchen, zu viele Dinge auf einmal zu erledigen.

Zeitmanage-   Bei einem Initiativen lassen sich bestimmte Vorlieben in seinem
ment-Verhalten   *Zeitmanagement-Verhalten beobachten,* die für andere mögliche
Stolpersteine darstellen:

- entwickelt Ziele spontan, ohne sie aufzuschreiben,
- nimmt gerne neue interessante Aufgaben an,
- konzentriert sich auf die augenblickliche Situation, wechselt häufig die Prioritäten,
- ist oft in zu viele Aufgaben verstrickt,
- organisiert sich besser, wenn er dazu gezwungen ist, z. B. durch drohenden Imageverlust,
- tendiert dazu, Aufgaben nicht gründlich abzuwickeln und von einer Aufgabe zur anderen zu springen,
- ist ein optimistischer Planer, neigt zu spontanen Aktionen,
- analysiert selten, hasst Details,
- hat ein schlecht organisiertes Büro, Chaos,
- bringt keine Disziplin für Zeitplanung auf,
- sagt zwar gern ja, kann dann die Arbeit aber doch nicht ausführen,
- vermeidet Routinearbeiten und erledigt diese nur, wenn unbedingt notwendig,
- ist spontan gesellig; unterhält sich lieber, als zu arbeiten,
- unterbricht andere oft und lässt sich auch von anderen unterbrechen,
- schätzt den Vorteil einer »Stillen Stunde« erst, wenn er unter Zeitdruck gerät,
- verspätet sich oft bei Meetings und ist nicht gut vorbereitet,
- bringt sich bei Besprechungen offen ein, lässt sich aber leicht ablenken und reagiert oft zu emotional.

Zehn Zeitmanagement-Tipps für Initiative

1. *Beenden Sie angefangene Aufgaben,* bevor Sie etwas Neues beginnen.
2. *Lassen Sie sich nicht unterbrechen,* und nehmen Sie Unterbrechungen nicht zum Anlass, sich Tagträumereien hinzugeben.
3. *Arbeiten Sie konsequent* an begonnenen Projekten.
4. Arbeiten Sie konsequent daran, *pünktlich* zu sein.
5. *Rennen Sie unwichtigen Dingen nicht hinterher,* vergeuden Sie Ihre Energie nicht unnötig.
6. *Fixieren Sie Aufgaben schriftlich.* Erstellen Sie eine Todo-Liste mit Prioritäten, und halten Sie sich daran.
7. *Erstellen Sie einen Tagesplan,* und bringen Sie mehr Struktur in Ihren Arbeitstag.
8. *Benutzen Sie ein Zeitplanbuch* – auch als Mittel zur Motivation und Selbstdisziplin.
9. *Räumen Sie Ihren Schreibtisch auf,* und misten Sie Ihre Ablagekörbe aus.
10. *Vermeiden Sie »private« Störungen.* Begrenzen Sie die Zeit für Ihren privaten Schwatz, seien Sie weniger gesellig.

15.4 Der stetige Zeitmanager

»Wer festhält, was verändert werden muss, der verliert alles.«
Norbert Blüm

Steffi Stetig ist eine langsame und methodische Planerin. Bereits im Mai überlegt sie genau, was ihre Kinder wohl zu Weihnachten brauchen, und Mitte September hat sie schon die ersten Geschenke besorgt. Sie braucht Zeit, um Dinge zu durchdenken, weil sie sonst unter Druck kommt, der bei ihr Stress bewirkt.

Stetige Zeitmanager empfinden die Zeit als Feind, wenn sie unter extremem Termindruck arbeiten müssen. Menschen mit hoher Stetigkeit kommen entweder zu früh oder zu spät, je nachdem, was sie gerade zu tun haben.

Im Allgemeinen jedoch sind Stetige pünktlich, wenn sie selber für das Gelingen der Aufgabe verantwortlich sind. Sie tolerieren auch das Zuspätkommen anderer.

Bei einem Stetigen lassen sich bestimmte Vorlieben in seinem *Zeitmanagement-Verhalten beobachten,* die für andere mögliche Stolpersteine darstellen:

Zeitmanagement-Verhalten

- arbeitet zunächst langsam, aber beständig, gründlich und zuverlässig,
- arbeitet Papierberge Stück für Stück durch,
- hasst Zeit- und Termindruck als negativen Stress,
- setzt Prioritäten, weil sie Ordnung und Sicherheit schaffen; schreibt sie auch auf,
- braucht Zeit, um Dinge in Ruhe zu durchdenken – wird sonst durcheinander gebracht,
- bringt seine fachliche Autorität ein,
- neigt dazu, gut organisiert zu sein,
- sagt zu häufig Ja und vermeidet es, Nein zu sagen, weil es Beziehungen belasten könnte,
- vermeidet Aufgaben mit Termindruck zugunsten weniger wichtiger, nicht so dringender Aufgaben,
- will Konfrontationen möglichst vermeiden,
- unterbricht andere, wenn er sich rückversichern will,
- ist bei Sitzungen pünktlich, aber in der Beteiligung zurückhaltend,

- mag in Meetings nur ungern Verantwortung übernehmen,
- benötigt viel Bestätigung und Feedback, wenn Aufgaben an ihn delegiert wurden, besonders zu Beginn,
- wird von zu vielen Aufgaben zur selben Zeit überfordert,
- geht eine Sache nach der anderen an.

Zeitmanagement-Tipps

Zehn Zeitmanagement-Tipps für Stetige

1. *Suchen Sie nach neuen Wegen,* um schneller zu gewünschten Ergebnissen zu kommen, statt an bewährten Abläufen festzuhalten.
2. *Verbessern Sie die Effizienz* Ihrer zeitlichen Arbeitsabläufe, beschleunigen Sie Prozesse.
3. *Halten Sie öfter Rücksprache* mit anderen, um Prioritäten und Aktivitäten abzustimmen.
4. *Erkennen und lösen Sie Probleme.* Gehen Sie die Lösung zwischenmenschlicher Probleme an.
5. *Beginnen Sie Ihren Arbeitstag früher,* um Zeitdruck zu vermeiden.
6. *Denken Sie weniger an den Arbeitsaufwand,* sondern mehr an die Ergebnisse.
7. *Achten Sie auf Endtermine,* ohne sich dadurch zu blockieren.
8. *Sehen Sie Veränderungen positiv,* sie bereichern Ihr Leben.
9. *Nehmen Sie Dinge einfach selber in die Hand;* fangen Sie mit kleinen Sachen an.
10. *Trauen Sie sich mehr zu.* Sprechen Sie lauter. Sagen Sie öfter einmal Nein.

15.5 Der gewissenhafte Zeitmanager

»Wer jede Entscheidung schwer nimmt, kommt zu keiner.«
Harold Macmillan

Gustav Gewissenhaft tüftelt schon seit Jahren an einem Verbesserungsvorschlag. Kurz bevor er endlich sein Projekt präsentieren kann, bringt die Firma Gigasoft ein Programm für 249 Euro auf den Markt, das über 95 Prozent aller geforderten Funktionen schneller abdeckt. Trotzdem hält Gustav die Durchführung seines Projektes für äußerst wichtig.

Gewissenhafte Zeitmanager werden immer mehr Zeit als andere brauchen, weil sie die Dinge gründlich tun. Oft fehlt ihnen einfach die Zeit, um alles zu erledigen, was sie sich vorgenommen haben.

Gewissenhafte Zeitmanager

Sie sind pünktlich, weil sie sich keine unangenehme Situation durch Zuspätkommen schaffen wollen. Sie erwarten auch von anderen Pünktlichkeit und haben für das Zuspätkommen kein Verständnis.

Bei einem *Gewissenhaften* lassen sich bestimmte Vorlieben in seinem *Zeitmanagement-Verhalten beobachten,* die für andere mögliche Stolpersteine darstellen:

Zeitmanagement-Verhalten

- tendiert dazu, sich in Einzelheiten zu verlieren,
- macht ausführliche, detaillierte Pläne für alle möglichen Tätigkeiten; überanalysiert,
- verbringt oft zu viel Zeit mit der Planung, statt sich auf die eigentliche Aktion oder Durchführung zu konzentrieren,
- denkt Prioritäten gründlich durch, setzt eher zu viele,
- sagt Nein, wenn eine neue Aufgabe nicht ins vorhandene Konzept passt,
- erarbeitet viele Infos, um eigene Aussagen zu untermauern,
- reagiert kritisch und negativ auf Störfaktoren oder Zeitfresser, da diese als Leistungsverhinderer empfunden werden,

- hält umständliche Präsentationen und braucht viel zu lange, um auf den Punkt zu kommen,
- hat in Konferenzen Schwierigkeiten, zur Entscheidungsfindung zu kommen,
- ist bei Meetings immer pünktlich und gut vorbereitet, bringt viele Unterlagen mit,
- hält selbst unnütze Vorschriften ein,
- sein Schreibtisch ist gut aufgeräumt, alles hat seinen festen Platz,
- beschreibt Delegationsaufträge bis ins letzte Detail,
- verlangt detaillierte, formale Berichte und stellt oft Rückfragen, um sicherzustellen, dass alles 100-prozentig richtig gemacht wird.

Zeitmanagement-Tipps

Zehn Zeitmanagement-Tipps für Gewissenhafte

1. *Überdenken Sie Ihre Planungszeiten.* Bei zu viel Planung bleibt zu wenig Zeit für die Umsetzung.
2. *Konzentrieren Sie sich auf Ergebnisse,* nicht auf Perfektion in der Erledigung.
3. *Sie können nicht jedes Risiko vermeiden.* Verinnerlichen Sie das.
4. *Treffen Sie Entscheidungen,* auch wenn Ihnen weniger Informationen zur Verfügung stehen, als Ihnen lieb sind.
5. *Ver(sch)wenden Sie nicht so viel Zeit* darauf, Dinge zu analysieren.
6. *Setzen Sie sich ein striktes Zeitlimit* für die Erledigung Ihrer Aufgaben.
7. *Setzen Sie sich realistische Ziele.* Erwarten Sie von sich nicht zu hohe Standards.
8. *Erkennen Sie, dass Perfektion auch ihre Grenzen hat:* Gut ist besser als perfekt.
9. *Werden Sie lockerer* in Ihren Erwartungen an sich und an andere; lassen Sie einmal »Fünf gerade sein«.
10. *Menschen sind wichtiger als Vorschriften und Richtlinien.* Machen Sie sich das bewusst.

15.6 Zeitstrategien für betroffene Zeittypen

»Ein Geheimnis des Erfolgs ist,
den Standpunkt des anderen zu verstehen.«
Henry Ford

Die nachfolgenden Tabellen zeigen Ihnen, wie Sie als Betroffene/r mit den einzelnen *DISG-Typen* effektiver im Hinblick auf Ihr persönliches Zeit- und Selbstmanagement umgehen können:

Selbstmanagement für DISG-Typen

Sich und andere besser verstehen

Ähnliche Verhaltensstile tendieren dazu, miteinander in Einklang zu sein. Die Mischung verschiedener Stile erhöht die Effektivität der Arbeit, kann aber zu zwischenmenschlichen Konflikten führen. Sie können jedoch mit *allen* Persönlichkeiten trotz unterschiedlicher Verhaltensstile zusammenarbeiten, wenn zwei Bedingungen beachtet werden:

Die Mischung der Stile erhöht die Effektivität

- Gegenseitiger Respekt und gegenseitiges Vertrauen müssen vorhanden sein sowie

Verhalten respektieren

- die Bereitschaft, sich auf den anderen einzustellen und *anzupassen*.

Anpassen

Resümee

Bei den meisten Menschen herrschen mindestens zwei der vier Verhaltenstendenzen vor. Wer beispielsweise gleichermaßen »dominant« und »initiativ« geprägt ist, rückt bei ungünstigen Rahmenbedingungen eher die Aufgabe in den Vordergrund, während er sich in einer günstigeren Atmosphäre stärker von der beziehungsorientierten Seite zeigt.

Zwei Verhaltenstendenzen überwiegen

Gute und schlechte Persönlichkeits-Profile gibt es nicht. Wichtig ist, die eigenen Stärken und Engpässe zu kennen, um auch in kritischen Situationen Ihr persönliches Zeit- und Selbstmanagement ruhig und souverän zu meistern.

Stärken und Engpässe erkennen

Wie Sie mit Dominanten, Initiativen, Stetigen und Gewissenhaften effektiv zusammenarbeiten können

Zeitmanagement-Bereiche	D (Dominant)	I (Initiativ)	S (Stetig)	G (Gewissenhaft)
Ziele und Prioritäten	• Lassen Sie sich von Ds Tyrannei der Dringlichkeit nicht unter Druck setzen; zeigen Sie D, was Sie zurückstellen müssten. • Einigen Sie sich mit D auf eine realistische To-do-Liste mit Endterminen.	• Helfen Sie I aus der Verzettelung heraus, und stellen Sie mit ihm eine klare Prioritätenliste auf. • Formulieren und vereinbaren Sie mit I schriftlich Ziele; helfen Sie ihm, eine Struktur zu finden.	• Gewinnen Sie S für Ihre größeren Ziele, indem Sie ihm schrittweise die Entwicklungsmöglichkeiten aufzeigen. • Nehmen Sie sich genügend Zeit, um gemeinsame Prioritäten zu erarbeiten.	• Geben Sie G genügend Informationen und Begründungen für Ihre Ziele und Prioritäten. • Verständigen Sie sich auf maximal drei Prioritäten, welche als Nächste abgearbeitet werden.
Tagesplanung	• Erwarten Sie von D keine detaillierte Tagesplanung, ein oder zwei Tagesprioritäten reichen. • Lassen Sie sich von D nicht überrollen, und verteidigen Sie gegenüber D nachdrücklich Ihre eigene Tagesplanung.	• Zeigen Sie I, wie er/sie sich konkrete Tagesziele mit realistischen Zeitschätzungen setzen kann. • Motivieren Sie I, regelmäßig Blöcke für feste Rücksprachen, Posterledigungen, Telefonate, Diktate etc. zu bilden.	• Überrumpeln Sie S nicht mit neuen Aktivitäten und Tagesprioritäten. • Haben Sie Verständnis, wenn S unvorhergesehene Aktivitäten zunächst zu viel erscheinen; meistens werden sie jedoch noch erledigt.	• Drängen Sie bei G auf rechtzeitige Aufgabenerledigung, fassen Sie regelmäßig nach. • Machen Sie G anhand des Pareto-Prinzips klar, dass Perfektion selten nötig ist. • Vereinbaren Sie klare Tagesziele, z. B. »Mailing heute raus!«
Störfaktoren	• Sagen Sie deutlich Nein, und bitten Sie D, An- und Rückfragen en bloc zu besprechen. • Legen Sie Wert auf Einhaltung Ihrer »Stillen Stunde«, auch wenn es D gerade nicht ins Konzept passt.	• Führen Sie in Ihrem Team eine gemeinsame »Stille Stunde« ein, in der intern niemand von anderen gestört wird. • Verlagern Sie die soziale Kommunikation mit I in die Pausen- oder Freizeiten.	• Vereinbaren Sie z. B. zwei feste Termine am Tag für Rücksprachen. • Räumen Sie auch S eine »Stille Stunde« ein, um ungestört Dinge abarbeiten zu können (Sekretariat!). • Betrachten Sie ein privates Wort von S nicht als Störfaktor.	• Begründen Sie Ihr Anliegen oder Ihre Anfrage sachlich, wenn Sie G einmal stören müssen; bleiben Sie dabei förmlich. • Beantworten Sie Anfragen von G ausführlich; verzichten Sie auf private Kommunikation.
Meetings	• Kommen Sie gut vorbereitet zum Gespräch; beschränken Sie sich auf das Wesentliche (»Fasse dich kurz!«). • Vertreten Sie deutlich Ihre Meinung, und scheuen Sie auch die Konfrontation mit D nicht.	• Führen Sie eine »Strafe« für Zuspätkommen ein (z. B. 2,50 Euro pro Minute). • Loben Sie die Beiträge von I, aber bitten Sie um Verständnis für begrenzte Redezeit und straffe Einhaltung der Tagesordnung.	• Vermeiden Sie im Team Spannungen, um S in seiner Leistungsfähigkeit nicht einzuschränken. • Fordern Sie S bei Bedarf zu Stellungnahmen auf. • Betrauen Sie S mit einer Aufgabe, z. B. Protokoll, Zeitwächter.	• Da G oft stille Zuhörer sind, müssen Sie deren Meinung ausdrücklich abfragen. • Bitten Sie G, nur das Wesentliche zu präsentieren und sich auf Zusammenfassungen, kurze Erläuterungen und Leitsätze zu beschränken.

Wie Sie mit Dominanten, Initiativen, Stetigen und Gewissenhaften effektiv zusammenarbeiten können

Zeitmanagement-Bereiche	D (Dominant)	I (Initiativ)	S (Stetig)	G (Gewissenhaft)
Papierkram	• Beschränken Sie Vorlagen, Memos etc. für **D** auf eine Seite (»One Page Management«). • Stellen Sie **D** nur Rezensionen und Zusammenfassungen (»Abstracts«), aber keine Bücher zur Verfügung.	• Fassen Sie regelmäßig und persönlich nach, ob **I** Ihre Anfragen, Memos etc. auch wirklich bearbeitet hat. • Empfehlen Sie **I**, welche überflüssigen Verteiler, Zeitschriften, Infos, Abos etc. er streichen kann.	• Bitten Sie **S**, Ihnen Informationen bereits markiert und nach Prioritäten vorsortiert zukommen zu lassen. • Bringen Sie **S** dazu, Zeitschriften, Umläufe o. Ä. nur an- oder querzulesen, damit diese rechtzeitig weitergegeben werden.	• Bestehen Sie darauf, dass Reports und Memos nicht länger als 1 oder 2 Seiten sein dürfen. • Senden Sie **G** ruhig alle Infos, die Sie nicht mehr benötigen – bei Bedarf können Sie diese dort wieder abrufen.
Delegation	• Rufen Sie bei zu vielen Delegationsaufträgen von **D** rechtzeitig »Nein!«. • Wenn Sie an **D** delegieren, überprüfen Sie, bevor er losmarschiert, ob er das Projekt richtig verstanden hat.	• Bei wichtigen Delegationsaufträgen von **I** sollten Sie mündlich Vereinbartes auch schriftlich bestätigen. • Wenn Sie an **I** delegieren, müssen Sie zusätzliche Kontrollen vereinbaren und durchführen.	• Teilen Sie **S** bei Delegationsaufträgen mit, dass Ihnen eine grobe Erläuterung der Aufgabe ausreicht. • Wenn Sie an **S** delegieren, fragen Sie regelmäßig nach, und helfen Sie bei Bedarf. • Vorsicht, dass **S** an Sie nicht rückdelegiert.	• Bei Delegationsaufträgen von **G** müssen Sie Zusagen und Termine genau einhalten. • Wenn Sie an **G** delegieren, übergeben Sie den kompletten Vorgang mit allen Unterlagen; Qualität und Termin müssen genau festgelegt sein.
Aufschieberitis	• Machen Sie **D** sofort Druck, und setzen Sie einen kurzfristigen Erledigungstermin. • Belohnen Sie **D** für die rechtzeitige Erledigung von Routine- und Standardarbeiten.	• Zeigen Sie Verständnis für seine Lage, drängen Sie aber **I** persönlich auf Erledigung mit Endtermin. • Machen Sie **I** Mut, Unangenehmes sofort anzupacken, und loben Sie ihn schon im Voraus.	• Bieten Sie **S** Hilfe in Entscheidungs- und Konfliktfragen an, damit Aufgaben durchgezogen werden. • Schlagen Sie **S** vor, mit der schwierigsten Aufgabe zu beginnen, und vereinbaren Sie einen Erledigungstermin.	• Informieren Sie **G**, dass alle auf ihn warten müssen und Sie den Vorgang umgehend benötigen. • Vermitteln Sie **G**, dass Sie sein Qualitätsstreben schätzen, aber die Sache zum Termin »X« trotzdem fertig werden muss.
Zeitmanagement im Team	• Für schnelle Reaktionen bieten Sie **D** Alternativen oder einfache Checklisten zum Ankreuzen an. • Aktivieren Sie **D**, um interne Abläufe und damit das Teamergebnis nachweisbar zu verbessern (»Lean«).	• Für schnelle Reaktionen motivieren Sie **I** mit Bildern, Grafiken und Übersichten. • Lassen Sie **I** für positive Atmosphäre und neue, auch verrückte Ideen sorgen; gestatten Sie ab und zu einen kleinen Gag.	• Fordern Sie von **S** keine schnellen Rückantworten, sondern geben Sie ihm Zeit. • Betrauen Sie **S** mit der Aufgabe als Informationsbroker, der ständig Unterlagen, Berichte etc. bereithält und verteilt.	• Füttern Sie **G** mit möglichst vielen Informationen, um eine fundierte Stellungnahme zu erhalten. • Beauftragen Sie **G**, die Zeiteffizienz im Team ständig zu analysieren und Lösungen vorzuschlagen.

Danke!

Ein Buch stellt meist die Leistung nicht nur einer einzelnen Person dar. Auch wenn der Autor allein auf dem Buchdeckel steht und alles Inhaltliche zu verantworten hat, so haben doch andere, direkt und indirekt, mehr oder weniger, dazu beigetragen. Ihnen allen möchte ich ausdrücklich *Danke!* sagen:

Danke an *Dr. Ann McGee-Cooper* und *Duane Trammel*, Ann McGee-Cooper and Associates in Dallas/Texas, für unsere Gespräche, Erfahrungsaustausche und eure hilfreiche Co-Autorenschaft bei zwei wichtigen Kapiteln dieses Buches.

Danke an *Dr. Stephen R. Covey* und *Hyrum Smith*, Chairmen der FranklinCovey Company, Salt Lake City/Utah und Provo/Utah, sowie *Roger Merrill*, FranklinCovey Company, für die persönlichen Begegnungen und Inspirationen aus ihren Büchern, dass der Weg zu einem Zeitmanagement der neuen Generation der richtige ist.

Danke an *Peter F. Drucker* für die wegweisenden, mehr denn je gültigen Ausführungen zur Effektivität der Führungskraft.

Danke an *Prof. Dr. Fredmund Malik*, Management Zentrum St. Gallen, für die Hinweise auf die Schlüsselaufgaben eines Managers (Assignments Control).

Danke an die REWE-Zentral AG, *Peter Treichel*, Köln, *Peter Lintschnig* und *Eugen Stoll*, Hungen, für die Möglichkeit und das Vertrauen, das *neue* Zeitmanagement über unsere firmeninternen Seminare in die tägliche Arbeitspraxis vieler Führungskräfte und Mitarbeiter einzuführen.

Danke an die REWE-Niederlassung Hungen, insbesondere an *Alfred Kriegel* und *Jürgen Billerbeck*, für unsere langjährige Zusammenarbeit, die vielen Gespräche und fruchtbaren Erfahrungsaustausche sowie die gemeinsame, erfolgreiche Seminartätigkeit, bei der wir die angestrebte Balance von Arbeit und Freude, Leistung und Entspannung, beruflichen und privaten Prioritäten bereits realisieren konnten.

Danke an meine vielen *Seminarteilnehmer*, insbesondere in der REWE-Gruppe, für die Gelegenheit, in unseren Seminaren »Effektives Selbstmanagement« alle Konzepte, Übungen und Beispiele dieses Buches mit Ihnen zusammen auszuprobieren und immer wieder zu verbessern.

Danke an tempus-Zeitplanbücher, *Dr. Jörg Knoblauch*, für die Zusammenarbeit und Unterstützung bei der Formulargestaltung.

Danke an DISG-Training in Remchingen, *Friedbert Gay*, für die Genehmigung zum Abdruck des DISG-Zeitmanagement-Verhaltenstests.

Danke an *Schmidt Colleg GmbH* – Deutsches Unternehmer- und Führungskräfte-Colleg, Bayreuth, für die Genehmigung zum Abdruck der Fragebögen zur Lebens- und Jahresplanung.

Danke an Hermann-Institut-Deutschland, *Roland Spinola*, für die Hinweise zu Hirndominanzen.

Danke an *Vera F. Birkenbihl* für den Tipp mit der Till-Eulenspiegel-Geschichte.

Danke an *Werner »Tiki« Küstenmacher* für deine anschaulichen, treffsicheren und sympathischen Cartoons.

Danke an den Campus Verlag für seine Geduld und sein Verständnis, dass sich unsere Metapher und Titelei »Wenn du es eilig hast, gehe langsam« schließlich auch auf den Zeitplan des Erscheinungstermins ausgewirkt hat.

Danke an Sie, liebe *Leserin*, lieber *Leser*, dass Sie sich bis hierher vorgearbeitet oder gleich hinten angefangen haben, um Ihre berufliche und persönliche Effektivität und Zeitsouveränität nachhaltig zu verbessern. Viel Erfolg bei Ihrem neuen Zeitmanagement in einer beschleunigten Welt.

Lothar J. Seiwert
Internet: www.seiwert.de
E-Mail: info@seiwert.de

Literatur

Abrahams, Jeffrey: THE MISSION STATEMENT BOOK. 301 Corporate Mission Statements from America's Top companies. (ohne Ort): Ten Speed Press, 1995

Adam, Barbara; Geißler, Karlheinz A. und *Held, Martin (Hrsg.):* DIE NONSTOP-GESELLSCHAFT UND IHR PREIS. Vom Zeitmißbrauch zur Zeitkultur. Stuttgart und Leipzig: S. Hirzel, 1998

Aigner, Carina und *Gaedemann, Claus:* MEHR ZEIT ZUM LEBEN. München: Knaur, 1996

Anthony, Robert: STARTBUCH FÜR LEBENSVERÄNDERER. Münsingen-Bern: Fischer, 1993

Babbitt, Dave und *Kathy:* DOWNSCALING. Simplify and Enrich your Lifestyle. Chicago: Moody Press, 1993

Backhaus, Klaus und *Bonus, Holger (Hrsg.):* DIE BESCHLEUNIGUNGS-FALLE oder der Triumph der Schildkröte. 2. Aufl. Stuttgart: Schäffer-Poeschel, 1997

Baur, Eva Gesine: LEIDEN AN DER SCHNELLIGKEIT. Der Trend zur Langsamkeit (Sozio-psychologische Dokumentation im Auftrage der IWC). Schaffhausen/CH: International Watch Co. (IWC), Oktober 1996

Behrend, Heike: DIE ZEIT GEHT KRUMME WEGE. Raum, Zeit und Ritual bei den Tugen in Kenia. Frankfurt und New York: Campus, 1987

Berg, Wolfhart: RUNTERSCHALTEN! Die neue Lebenskunst: Weniger ist garantiert mehr. Landsberg a. Lech: mvg-Verlag, 1997

Birkenbihl, Vera F.: ERFOLGSTRAINING. Schaffen Sie sich Ihre Wirklichkeit selbst. 8. Aufl. Landsberg a. Lech: mvg-Verlag, 1997

Bolz, Norbert: DIE SINNGESELLSCHAFT. Düsseldorf: Econ, 1997

Braham, Barbara J.: LEBENSSINN UND PERSÖNLICHE ERFÜLLUNG. Die 5 Blockaden – der Lebenszyklus – neue Dimensionen. Wien: Ueberreuter, 1994

Christiani, Alexander: MASTERPLAN ERFOLG. Persönliche Zielplanung – Tägliche Erfolgskontrolle. 2. Aufl. Wiesbaden: Gabler, 1997

– WECK DEN SIEGER IN DIR! In 7 Schritten zu dauerhafter Selbstmotivation. Wiesbaden: Gabler, 1997

Clairmont, Patsy u. a.: JOY BREAKS. 90 Devotions to Celebrate, Simplify and Add Laughter to Your Life. Michigan: Zondervan, 1997

Conrad, Pamela J.: BERUFS- UND PRIVATLEBEN IM GRIFF. Techniken für ein erfolgreiches Lebensmanagement. Wien: Ueberreuter, 1996

Covey, Stephen R.: DIE EFFEKTIVE FÜHRUNGSPERSÖNLICHKEIT. Management by Principles. Frankfurt und New York: Campus, 1993

- DIE SIEBEN WEGE ZUR EFFEKTIVITÄT. Ein Konzept zur Meisterung Ihres beruflichen und privaten Lebens. 8. Aufl. Frankfurt und New York: Campus, 1997
- THE 7 HABITS OF HIGHLY EFFECTIVE FAMILIES. Building a Beautiful Family Culture in a Turbulent World. New York: Golden Books, 1997

Covey, Stephen R., Merrill, A. Roger und *Merrill, Rebecca R.:* DER WEG ZUM WESENTLICHEN. Zeitmanagement der vierten Generation. Frankfurt und New York: Campus, 1997

Crainer, Stuart: DIE ULTIMATIVE MANAGEMENTBIBLIOTHEK. 50 Bücher, die Sie kennen müssen. Frankfurt und New York: Campus, 1997

Csikszentmihalyi, Mihaly: DEM SINN DES LEBENS EINE ZUKUNFT GEBEN. Eine Psychologie für das 3. Jahrtausend. Stuttgart: Klett-Cotta, 1995
- FLOW. Das Geheimnis des Glücks. 5. Aufl. Stuttgart: Klett-Cotta, 1996

Dean, Amy E.: LIFEGOALS. Setting and Achieving Goals to Chart the Course of Your Life. 3. Aufl. Carson, CA: Hay House, 1992

Dilts, Robert B.: VON DER VISION ZUR AKTION. Visionäre Führungskunst. Paderborn: Junfermann, 1998

Dossey, Larry: SPACE, TIME AND MEDICINE. Boston: New Science Library, 1984

Drucker, Peter F.: THE EFFECTIVE EXECUTIVE. 5. Aufl. London: Heinemann, 1982

Eisenberg, Ronni, mit *Kelly, Kate:* THE OVERWHELMED PERSON'S GUIDE TO TIME MANAGEMENT. New York: Plume/Penguin, 1997

Enkelmann, Nikolaus B., mit *Burkart, Christiane:* ERFOLGSPRINZIPIEN DER OPTIMISTEN. Wünschen – Planen – Wagen – Siegen. 2. Aufl. Offenbach: Gabal, 1998

Fedrigotti, Antony: ZUM ERFOLG GEBOREN. So gestalten Sie Ihr Schicksal. 3. Aufl. Augsburg: Axent, 1995

Fromm, Erich: HABEN ODER SEIN. Die seelischen Grundlagen einer neuen Gesellschaft. 25. Aufl. München: dtv, 1997
- VOM HABEN ZUM SEIN. Wege und Irrwege der Selbsterfahrung. 4. Aufl. München: Heyne, 1996

Gay, Friedbert (Hrsg.): DISG-PERSÖNLICHKEITS-PROFIL. Mit dem Original DISG-Testmaterial zur Selbstauswertung. 12. Aufl. Offenbach: Gabal, 1999

Geißler, Karlheinz A.: ZEIT. »Verweile doch, du bist so schön!« 2. Aufl. Weinheim und Berlin: Beltz-Quadriga, 1997
- ZEIT LEBEN. Vom Hasten und Rasten, Arbeiten und Lernen, Leben und Sterben. 2. Aufl. Weinheim und Berlin: Beltz-Quadriga, 1987

Gronemeyer, Marianne: DAS LEBEN ALS LETZTE GELEGENHEIT. Sicherheitsbedürfnisse und Zeitknappheit. 2. Aufl. Darmstadt: Primus, 1996

Helzel, Leo B.: EIN ZIEL IST EIN TRAUM MIT DEADLINE. Nachdenkliches für Unternehmer, Manager und andere Vordenker. Frankfurt und New York: Campus, 1997

Herrmann, Ned: DAS GANZHIRN-KONZEPT FÜR FÜHRUNGSKRÄFTE. Welcher Quadrant dominiert Sie und Ihre Organisation. Wien: Ueberreuter, 1997

Hoffman, Kaye: DAS JENSEITS IST JETZT. Zeitmanagement aus spiritueller Sicht. Sulzberg: Joy, 1995

Howald, Wolfgang und *Gottwald, Franz-Theo:* BEWUSSTSEINS-MANAGEMENT. Zeit-, Gesundheits- und Lifestyle-Management. Landsberg a. Lech: mvg-Verlag, 1996

Hüttemann, Frank: ZEITVERHALTEN UND ZEITVERSTÄNDNIS VON FÜHRUNGSKRÄFTEN IN ORGANISATIONEN. Frankfurt a. Main u. a.: Peter Lang, 1997

James, Tad: TIME COACHING. Programmieren Sie Ihre Zukunft ... jetzt! Paderborn: Junfermann, 1992

Jellouschek, Hans: MIT DEM BERUF VERHEIRATET. Von der Kunst, ein erfolgreicher Mann, Familienvater und Liebhaber zu sein. Stuttgart: Kreuz, 1996

Knoblauch, Jörg: TIPS FÜR TEMPUS-VIPS. 66 Möglichkeiten, Ihren Organizer noch effektiver zu nutzen. Giengen: Tempus, 1996

Koch, Richard: THE 80/20 PRINCIPLE. The Secret of Achieving More with Less. 2. Aufl. London: Nicholas Brealey Publishing, 1998

Levine, Robert: EINE LANDKARTE DER ZEIT. Wie Kulturen mit Zeit umgehen. München: Piper, 1998

Lockwood, Georgene: The Complete Idiot's Guide to ORGANIZING YOUR LIFE. New York: Alphy Books, 1996

Malik, Fredmund: MANAGEMENT-PERSPEKTIVEN. Bern, Stuttgart und Wien: Paul Haupt, 1994

Marquardt, Udo: DIE EINHEIT DER ZEIT BEI ARISTOTELES. Würzburg: Königshausen und Neumann, 1993

McGee-Cooper, Ann, mit *Trammell, Duane:* TIME MANAGEMENT FOR UN-MANAGEABLE PEOPLE. The Guilt-Free Way to Organize, Energize, and Maximize Your Life. New York u. a.: Bantam Books, 1994

McGee-Cooper, Ann mit *Trammell, Duane* und *Lau, Barbara:* YOU DON'T HA-VE TO GO HOME FROM WORK EXHAUSTED! A Program to Bring Joy, Energy and Balance to Your Life. New York u. a.: Bantam Books, 1992

Meynert, Lennart: LIFE MANAGEMENT. Live Better by Working Smarter. 4. Aufl. Harpenden, Herts: Oldcastle Books, 1989

Merriman, Rebecca K.: SIMPLY HAPPY. How to Simplify Your Life and Find Happiness. Highland City, FL: Rainbow Books, 1996

Minor IV, Herman: KARRIERE LIGHT. Die 7 Wege der Ineffektivität: Anleitung zum erfolgsgekrönten Nichtstun. Frankfurt und New York: Campus, 1997

Opaschowski, Horst W.: DEUTSCHLAND 2010. Wie wir morgen leben – Voraussagen der Wissenschaft zur Zukunft unserer Gesellschaft. Hamburg: British-American Tobacco (BAT), 1997

– FEIERABEND? Von der Zukunft ohne Arbeit zur Arbeit mit Zukunft. Opladen: Leske+Budrich, 1998

Ornstein, Robert E.: ON THE EXPERIENCE OF TIME. Boulder, CO: Westview Press, 1997

Ornstein, Robert E. und *Sobel, David:* HEALTHY PLEASURES. 11. Aufl. Reading, Mass.: Addison-Wesley, 1997

Peseschkian, Nossrat: AUF DER SUCHE NACH SINN. Psychotherapie der kleinen Schritte. Frankfurt a. Main: Fischer, 1997

– DER KAUFMANN UND DER PAPAGEI. Orientalische Geschichten als Medien in der Psychotherapie. 21. Aufl. Frankfurt a. Main: Fischer, 1997

– DER NACKTE KAISER. Oder: Wie man die Seele der Kinder versteht und heilt. Augsburg: Pattloch, 1997

Rechtschaffen, Stephan: DU HAST MEHR ZEIT, ALS DU DENKST. Wie jeder für sich den idealen Lebensrhythmus findet. München: Goldmann, 1998

Reheis, Fritz: DIE KREATIVITÄT DER LANGSAMKEIT. Neuer Wohlstand durch Entschleunigung. Darmstadt: Wiss. Buchges., 1996

Rifkin, Jeremy: UHRWERK UNIVERSUM. Die Zeit als Grundkonflikt des Menschen. München: Kindler, 1988

Robbins, Anthony: DAS ROBBINS-POWER-PRINZIP. Wie Sie Ihre wahren inneren Kräfte sofort einsetzen. 5. Aufl. Bonn u. a.: Rentrop, 1995

– GRENZENLOSE ENERGIE. Das Power-Prinzip. Bonn: Rentrop, 1991

Saint-Exupéry, Antoine de: DER KLEINE PRINZ. 6. Aufl. Düsseldorf: Karl Rauch, 1998

Schanz, Günther: DER MANAGER UND SEIN GEHIRN. Neurowissenschaftliche Erkenntnisse im Dienst der Unternehmensführung. Frankfurt a. Main: Peter Lang, 1998

Selye, Hans: THE STRESS OF LIFE. 17. Aufl. New York u. a.: McGraw-Hill, 1987

Sheehy, Gail: NEW PASSAGES. Mapping Your Life across Time. 2. Aufl. New York: Ballantine Books, 1996

– UNDERSTANDING MEN'S PASSAGES. Discovering the New Map of Men's Lives. New York: Random House, 1998

Smith, Hyrum: THE 10 NATURAL LAWS OF SUCCESSFUL TIME AND LIFE MANAGEMENT. Proven Strategies for Increased Productivity and Inner Peace. New York: Warner Books, 1995

Sprenger, Reinhard K.: DIE ENTSCHEIDUNG LIEGT BEI DIR! Wege aus der alltäglichen Unzufriedenheit. Frankfurt und New York: Campus, 1997

Virilio, Paul: REVOLUTIONEN DER GESCHWINDIGKEIT. Berlin: Merve, 1993

Wright, Robert J.: BEYOND TIME MANAGEMENT. Business with Purpose. Boston u. a.: Butterworth-Heinemann, 1997

WWF (Worlf Wildlife Fund for Nature) und *PRO FUTURA (Hrsg.):* ZEIT ZU LEBEN. Vom Umgang mit einem kostbaren Gut. München: Pro Futura, 1997

Publikationen des Autors über Time-Management, Life-Leadership und Erfolgsstrategie

Ederer, Günter und *Seiwert, Lothar J.:* DER KUNDE IST KÖNIG. Das 1x1 der Kundenorientierung. Das Strategie-Buch für kundenorientierte Unternehmen. 3. Aufl. Offenbach: Gabal, 2000

Friedrich, Kerstin; Seiwert, Lothar J. und Geffroy, Edgar K.: DAS NEUE 1X1 DER ERFOLGSSTRATEGIE. EKS® – Erfolg durch Spezialisierung. 8. Aufl. Offenbach: Gabal, 2002

Gay, Friedbert und *Seiwert, Lothar J.:* STRATEGIE-PLANER FÜR ZEIT UND PERSÖNLICHKEIT. Eine Arbeitshilfe zur Verbesserung Ihres persönlichen Zeitmanagement-Verhaltens. 3. Aufl. Remchingen: DISG-Training, 2001

Koenig, Detlef; Roth, Susanne und *Seiwert, Lothar J.:* 30 MINUTEN FÜR OPTIMALE SELBSTORGANISATION. 2. Aufl. Offenbach: Gabal, 2002

Küstenmacher, Werner Tiki, mit *Seiwert, Lothar J.:* SIMPLIFY YOUR LIFE. Einfacher und glücklicher leben. 9. Aufl. Frankfurt/New York: Campus, 2002

Schimmel-Schloo, Martina; Seiwert, Lothar J. und *Wagner, Hardy (Hrsg.):* PERSÖNLICHKEITS-MODELLE. Die wichtigsten Modelle für Coaches, Trainer und Personalentwickler. Offenbach: Gabal, 2002

Seiwert, Lothar J.: DAS BUMERANG-PRINZIP: MEHR ZEIT FÜRS GLÜCK. Life-Balance: Gesünder, erfolgreicher und zufriedener leben. Extra: Mit Bumerang und Zeit-Guide. München: Gräfe und Unzer, 2002 (*www.bumerang-prinzip.de*)

Seiwert, Lothar J.: DAS NEUE 1X1 DES ZEITMANAGEMENT. Zeit im Griff. Ziele in Balance. 24. Aufl. München: Gräfe und Unzer, 2002
- 30 MINUTEN FÜR OPTIMALE KUNDENORIENTIERUNG. 2. Aufl. Offenbach: Gabal, 2001
- 30 MINUTEN FÜR OPTIMALES ZEITMANAGEMENT. 4. Aufl. Offenbach: Gabal, 2002
- LIFE-LEADERSHIP. Sinnvolles Selbstmanagement für ein Leben in Balance. Frankfurt/New York: Campus, 2001
- MEHR ZEIT FÜR DAS WESENTLICHE. Besseres Zeitmanagement mit der SEIWERT-Methode. 20. Aufl. München: Redline Wirtschaft, 2002 (auch als Video-Film erschienen: zu beziehen über Seiwert-Institut: *www.seiwert.de*)
- MEHR ZEIT FÜR DAS WESENTLICHE (Erfolgs-Hörbuch). 4 Kassetten (Spieldauer ca. 6 Stunden). Konstanz und Kreuzlingen (CH): Rusch, 1998
- TIME & LIFE MANAGEMENT DECODER (mit 4 Drehscheiben). Kirchzarten b. Freiburg: VAK-Verlag, 2000 (beliebte »Parkscheibe« mit Test)
- Hörbuch-Seminar: WENN DU ES EILIG HAST, GEHE LANGSAM. Sieben Schritte zur Zeitsouveränität und Effektivität. 2 Hör-CDs. Frankfurt/New York: Campus, 2003

Seiwert, Lothar J. (Hrsg.): DISG-Zeitmanagement-Profil »TIME MASTERY«. Arbeitsheft mit Zeitmanagement-Test (Lesen und Rubbeln). 5. Aufl. Remchingen: DISG-Training, 2002

Seiwert, Lothar J. und *Gay, Friedbert:* DAS 1X1 DER PERSÖNLICHKEIT. Sich selbst und andere besser verstehen mit dem DISG-Persönlichkeits-Modell. 9. Aufl. Offenbach: Gabal, 2002

Seiwert, Lothar J. und *Kammerer, Doro:* ENDLICH ZEIT FÜR MICH! Wie Frauen mit Zeitmanagement Arbeit und Privatleben unter einen Hut bringen. 2. Aufl. Landsberg a. Lech: mvg-Verlag, 2000

Seiwert, Lothar J. und *Konnertz Dirk:* ZEITMANAGEMENT FÜR KIDS – fit in 30 Minuten. Mehr Zeit für das, was Spaß macht. Offenbach: Gabal, 2000

Seiwert, Lothar J., Müller, Horst und *Labaek-Noeller, A.:* 30 MINUTEN – ZEITMANAGEMENT FÜR CHAOTEN. 4. Aufl. Offenbach: Gabal, 2002

Newsletter

Seiwert, Lothar J.: LOTHAR J. SEIWERT – BRIEF. WORK-LIFE-COACHING – für ein Leben in Balance. Monatlicher Beratungs- und Trainingsbrief. München: Aktuell Verlag im Olzog Verlag, 2000 ff. *(www.coaching-briefe.de)*

SEIWERT-TIPP. 1 Minute lesen – 1 Stunde Zeit für's Glück. Wöchentlicher online-Newsletter (kostenlos!). Zu abonnieren unter: *www.seiwert.de* und *www.bumerang-prinzip.de*

Stichwortverzeichnis

232

ICH WÜNSCHE DIR ZEIT

Ein Gedicht von Elli Michler

Ich wünsche dir nicht alle möglichen Gaben.
Ich wünsche dir nur, was die meisten nicht haben:
Ich wünsche dir Zeit, dich zu freun und zu lachen,
und wenn du sie nützt, kannst du etwas draus machen.

Ich wünsche dir Zeit für dein Tun und dein Denken,
nicht nur für dich selbst, sondern auch zum Verschenken.
Ich wünsche dir Zeit, nicht zum Hasten und Rennen,
sondern die Zeit zum Zufriedenseinkönnen.

Ich wünsche dir Zeit, nicht nur so zum Vertreiben.
Ich wünsche, sie möge dir übrig bleiben
als Zeit für das Staunen und Zeit für Vertraun,
anstatt nach der Zeit auf der Uhr nur zu schaun.

Ich wünsche dir Zeit, nach den Sternen zu greifen,
und Zeit, um zu wachsen, das heißt, um zu reifen.
Ich wünsche dir Zeit, neu zu hoffen, zu lieben.
Es hat keinen Sinn, diese Zeit zu verschieben.

Ich wünsche dir Zeit, zu dir selber zu finden,
jeden Tag, jede Stunde als Glück zu empfinden.
Ich wünsche dir Zeit, auch um Schuld zu vergeben.
Ich wünsche dir: Zeit zu haben zum Leben!

(Elli Michler: Dir zugedacht. Wunschgedichte. München: Don Bosco, 1998)

Effektives Zeitmanagement – zum Hören

Lothar J. Seiwert,
unter Mitarbeit
von Ann McGee-Cooper
**Hörbuch: Wenn Du es eilig hast,
gehe langsam**
2003. 2 CDs, 140 Min.

Ob auf der Reise, beim Autofahren, beim Sport oder im Haushalt, ob mit spannenden Wirtschaftsromanen oder Profiwissen für das erfolgreiche Selbstmanagement: Nutzen Sie Ihre Zeit mit den Hörbüchern von Campus!

Das siebenstufige Erfolgsprogramm von Lothar J. Seiwert zeigt konkret, wie die eigenen Lebensziele im Alltag wirklich gelebt werden können.

Frankfurt / New York

Gerne schicken wir Ihnen aktuelle Prospekte:
Campus Verlag · Kurfürstenstr. 49 · 60486 Frankfurt/M.
Tel. 069/97 65 16-0 · Fax -78 · www.campus.de

Alle Lebensbereiche in Balance

Lothar J. Seiwert
Life-Leadership
Sinnvolles Selbst-
management für ein
Leben in Balance
2001. 244 Seiten

Heute kann es nicht
mehr das Ziel effektiven
Arbeitens sein, immer
mehr in immer kürzerer Zeit zu bewältigen. In diesen beschleunigten Zeiten suchen die Menschen nach
einer gesunden Balance, die allen wichtigen Lebensbereichen gerecht wird. Zeitmanagement-Experte
Lothar J. Seiwert entwickelte dazu das Konzept des
Life-Leaderships. Es ist die Kunst des gelungenen
Selbstmanagements und die Antwort auf die Frage,
wie man sein Leben selbst in die Hand nehmen kann.

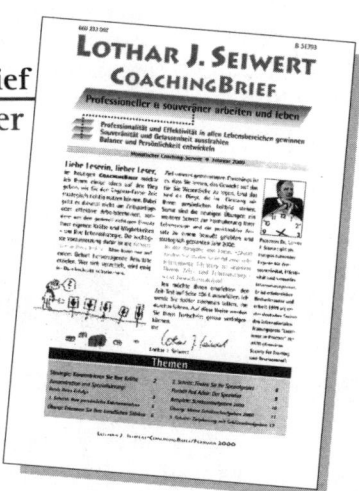